図解入門
ビジネス

Shuwasystem Business Guide Book

How-nual

最新 よくわかる

社会人1年目から
知っておきたい

決算書の
鉄則と読み方

会社の成績表の読み解き方がしっかり身につく！

△って??

税理士
松田 修 著

秀和システム

はじめに

　決算書は「会社の通信簿」といわれ、自社の決算書を見ることにより会社の「強み・弱み」がわかり、また改善点も見つけることができます。

　また、決算書は「与信管理」にも使われます。せっかく販売しても「受取手形・売掛金」など販売代金を回収していない状態で相手の会社が倒産すると、「貸し倒れ」という大きな損失が発生します。

　事実、2015年に民事再生となった「スカイマーク（旧スカイマークエアラインズ）」では、売上代金の約10%しか弁済されず、売上代金の約90%が貸し倒れになりました。

　もし、取引先の会社に1,000万円の販売代金の未回収（売掛金）があると、100万円が弁済され、900万円は弁済されず、「貸倒損失（かしだおれそんしつ）」という大きな損失が発生します。

　では、この900万円の損失を穴埋めするために、どのくらい売り上げる必要があるのでしょうか？

　売上に対する利益率が10%の会社はかなりの高収益企業といえますが、この会社は9,000万円売る必要があります。利益率5%の会社ですと1億8,000万円販売して、やっと900万円の貸し倒れを帳消しにできます。

　もちろん、そのような無駄な努力はしたくありませんし、下手をすると連鎖倒産ということも起こります。

　本書では図表などを数多く使い、いろいろなケースを紹介しますが、倒産する会社は決算書が悪くなっているので、相手の決算書を分析し、「与信管理」をしっかり行っていれば「貸し倒れ」は防げます。また、万一貸し倒れが起きても最小限に抑えられます。

　本書では、決算書の主な構成要素である貸借対照表（B/S）、損益計算書（P/L）、キャッシュフロー計算書（C/S）の基本的な見方・読み方から、数多くの「経営分析」を通じて会社の「強み・弱み」を知る方法、その改善

策を解説していきます。

　また、「与信管理」をする際の「経営分析指標の数字の目安」を紹介し、自分の会社や相手の会社の経営状態が判断できる資料を提供しています。

　そして、「キャッシュフロー経営」「キャッシュフロー重視」といわれて久しいですが、キャッシュフロー（資金繰り）を良くする具体的な方法や、「総資産経常利益率（ROA）」を改善する方法も業種別に解説します。
　さらに「財務3表、すなわち、貸借対照表（B/S）、損益計算書（P/L）、キャッシュフロー計算書（C/S）はどのようにつながっているか」また、「粉飾決算」の手口にはどのようなものがあり、どう見破ればよいかを解説します。

　最後に、損益分岐点売上高の計算方法を、具体的な数字を使って説明するとともに、「目標利益を達成するための売上高をどう求めるか」「人件費など固定費が増加した場合、それをカバーするには売上がいくら必要か」「売上が減少した場合、経費をどのくらい削減すればよいか」など、損益分岐点売上高の応用計算の方法も解説していきます。

　本書の大きな特長は、本の内容に沿った「動画解説」でも学ぶことができるようにした点です。文章ではわかりにくい箇所も、動画を見ることにより、ご理解いただきやすくなるものとひそかに期待しております。

　このような内容の書籍なので、入社1年目、2年目の社会人、また就職する会社を選ぶ学生など、決算書を理解したいすべての方におすすめいたします。もちろん、自社の決算書を分析したい経営者、決算書を活用して経営者にアドバイスをする経理担当者、相手の会社を与信管理したい営業担当者、投資先を見極めたい投資家にも十分役に立つでしょう。

　本書の出版にあたり、株式会社秀和システム編集本部をはじめ、関係者の方々にはたいへんお世話になりました。ここに心から御礼申し上げます。

2020年11月　　　　　　　　　　　　　　　　　　税理士　松田修

本書の効果的な利用方法

　この本では、モデル会社の決算書を実際に読みながら経営分析をしていきます。そこで、何点かご注意とお願いがあります。

❶モデル会社の決算書は、実際に電卓をたたいて分析してください。理解ができましたら、次にご自身の会社の決算書（以下、自社決算書といいます）や分析してみたい興味ある会社の決算書を、同じように分析してください。

❷練習のため、モデル会社の決算書は、当期と前期の2期分を並べて記載しています。自社決算書や興味ある会社の決算書で経営分析をする際は、最低2期分の決算書をご用意ください。過去5年、10年の決算書を分析すれば、いっそう正確に傾向がつかめます。

❸決算書の単位は、有価証券報告書と同じ百万円としています。経営分析をする際には、1円単位まで行ってもあまり意味がないため、会社の規模により分析する単位を決めてください。通常は、カンマが付く単位（千円単位または百万円単位）がやりやすいと思います。

❹本書の一部の項目は動画に対応しており、動画でも復習することができます。タイトルの上に ▶ （動画アイコン）の付いているページは動画に対応していますので、次のWebページにアクセスし、表示されているチャプターの動画を使って学んでみてください。

https://www.shuwasystem.co.jp/support/7980html/6322.html

※本サービスは2020年12月1日より本書の絶版までといたします。
　事前の告知なく変更、もしくは中止する場合もありますが、ご了承ください。

目次

図解入門ビジネス
最新 よくわかる
決算書の鉄則と読み方

第1章 決算書のキホン

第2章 損益計算書のキホン

第 3 章 貸借対照表のキホン

第 4 章 キャッシュフロー計算書のキホン

第 5 章　おさえておきたい経営分析と財務３表

第 6 章　損益分岐点売上高の計算とその応用

1章 決算書のキホン

この章では「決算書」とは何か、決算書は誰がどのような目的で利用するのか、決算書の主な書類など、決算書のキホンを解説します。

決算書について深く知るための基礎知識なので、しっかりと理解しておきましょう。

1-1 決算書とはどんなもの？

決算書は会社の通信簿であり、会社の強み・弱みなどが読み取れます。通常、貸借対照表、損益計算書、株主資本等変動計算書、キャッシュフロー計算書を指します。

強み・弱みと問題点が読み取れる

決算書は、会社の通信簿であり、「会社および社長が、経営に関する様々な事柄を1年間判断し、そして行動した結果」が決算書の中の数字に表れています。したがいまして、決算書からはその会社の強み・弱みおよび問題点が読み取れます。

実は「決算書」という名称は俗称であり、正確には以下のように**会社法***では**計算書類**、**金融商品取引法***においては**財務諸表**と定められています。

計算書類（会社法）	財務諸表（金融商品取引法）
・貸借対照表（B/S*） ・損益計算書（P/L*） ・株主資本等変動計算書 ・個別注記表	・貸借対照表 ・損益計算書 ・株主資本等変動計算書 ・キャッシュフロー計算書（C/S*） ・附属明細表

***会社法**	会社の設立、組織、運営や管理に関する法律。
***金融商品取引法**	有価証券の発行、売買、取引などに関する法律。
* **B/S**	Balance Sheetの略。
* **P/L**	Profit and Loss Statementの略。
* **C/S**	Cash Flow Statementの略。C/Fともいう。

　このうち**個別注記表**と**附属明細表**は、会社の重要な会計方針を変更した場合や、固定資産の減価償却の方法、消費税の経理処理の方法、土地や建物などの固定資産の明細などを記載する補足説明になります。決算書とは、ふつう、**貸借対照表、損益計算書、株主資本等変動計算書、キャッシュフロー計算書** (C/SまたはC/Fですが、以下「C/S」で統一) をいいます。

　このうち、特に重要なのは、貸借対照表 (B/S) と損益計算書 (P/L)、キャッシュフロー計算書 (C/S) になるので、本書の説明もこの3つ (**財務3表**という) を中心に行っていきます。

外部公表と内部管理の役割がある

　次に決算書の役割についてですが、株主、債権者、金融機関、税務署などに報告する**外部公表**と、経営分析などの**内部管理**の役割があります。

　本書では、投資家や債権者として、投資対象会社や得意先の決算書を経営分析し、良い会社、危ない会社を見極める方法を説明していきます。

　また、自社の決算書から自社の問題点を抽出し、問題点を改善していく方法、つまり、決算書を内部管理として利用する方法もあわせて解説していきます。

（鉄則） **主な決算書は3つ！会社の外部と内部で使われる**

主な決算書は以下の3つです。覚えておきましょう。

①貸借対照表

資金の調達、運用を資産と負債の側から示す。バランスシートともいう。B/S (ビーエス) とも呼ばれる。

②損益計算書

ある一定期間の収益と費用の状態を表す。P/L（ピーエル）とも呼ばれる。

③キャッシュフロー計算書

現金流量表ともいうが、会計期間での資金の増減を示す。C/S（シーエス）または C/F（シーエフ）とも呼ばれる。

決算書は会社の外部と内部で使われ、誰が使うかによって使われ方が異なります。主な使われ方は以下のとおりです。

●会社の外部での使われ方

・株主が使う場合

「経営を委任した取締役が期待した利益を上げており、株価の上昇と配当が期待できるか」「これから投資する価値があるか」などを確認する。

・銀行など金融機関が使う場合

「この会社に融資しても大丈夫か」「借入金の返済の能力はあるか」などを確認する。

・仕入先、外注先が使う場合

与信管理 * を行い、「販売した代金や外注費などを全額払ってくれるか」を確認する。

・国、地方公共団体が使う場合

「税金の計算が適切に行われているか」を確認する。

●会社の内部での使われ方

自社の経営状況を分析し、強み・弱みを見つけ、改善策を実行するために使う。また、将来の「経営計画」「予算管理」などをするためのデータとして活用する。

＊**与信管理**　相手の決算書などを分析し、「その会社との取引が可能か」「取引金額は最大いくらまでか」を決定すること。語源は「信用の供与」。

1-2 貸借対照表(B/S)とはどんなもの？

貸借対照表 (B/S) は企業の一時点の財政状態を表し、資産と負債と純資産の3つから構成されています。ここでは、貸借対照表 (B/S) の内容と構造について見ていきます。

貸借対照表 (B/S) の構造

貸借対照表 (B/S) とは、企業の一時点の財政状態を表したもので、プラスの財産とマイナスの財産のバランスを確認することができます。

貸借対照表 (B/S) の左側 (簿記では左側のことを**借方***という) には**❶資産**が入ります。資産は、現金預金、土地などの「プラスの財産」をいいます。日常会話でも「あの方は資産家だ」とか「たくさんの資産を所有している」といいますが、その場合の資産と同じ意味です。

貸借対照表 (B/S) は資産、負債、純資産で構成されている!

(借方)	貸借対照表 (B/S)	(貸方)
❶資産	❷負債	
	❸純資産	

借方と貸方が一致!

❶資産	現金、預金、商品、土地などのプラスの財産をいいます。
❷負債	借入金、未払金などのマイナスの財産をいいます。
❸純資産	資産から負債を差し引いた「正味の財産」をいいます。

* **借方** 「かりかた」と読む。

貸借対照表（B/S）の右側（簿記では右側のことを**貸方**＊という）には**❷負債**と**❸純資産**が入ります。

負債は借入金などの「マイナスの財産」をいいます。日常会話でも「あの会社は負債が多い」とか「多額の負債を抱えている」といいますし、新聞・テレビなどでも「〇〇会社が自己破産し負債総額××億円です」と報道されます。

貸借対照表（B/S）の右側（貸方）には、もう１つ「純資産」が入りますが、「純資産」については、このあと事例を使って解説していきます。

貸借対照表（B/S）は、**バランスシート**ともいいます。この場合の「バランス」とは「一致している（バランスしている）」という意味です。すなわち左側（借方）と右側（貸方）が一致（バランス）します。

資産・負債・純資産の関係

下記（図表１）の貸借対照表（B/S）を見てください。この会社（A社）の資産が100億円、負債が70億円とすると純資産は30億円となります。

A社の貸借対照表（B/S）（図表１）

（借方）	貸借対照表（B/S）	（貸方）
資産　100億円	負債　　70億円	
	純資産　30億円	
（100億円）		（100億円）

先ほど、貸借対照表（B/S）は左側（借方）と右側（貸方）が一致（バランス）すると解説しましたが、左側（借方）が100億円のとき必ず右側（貸方）も100億円となります。

＊**貸方**　「かしかた」と読む。

算式で書くと以下のようになります。

資産		負債		純資産	合計
100億円	=	70億円	+	30億円	（100億円）

つまり、「資産＝負債＋純資産」という算式になります。これを、**貸借対照表等式**といいます。

また、会社の純資産は、資産から負債をマイナスして計算します。A社 (図表1) は資産が100億円、負債が70億円ですので、純資産は30億円になります。
算式で書くと以下のようになります。

資産		負債		純資産
100億円	−	70億円	=	30億円

つまり、「資産−負債＝純資産」という算式になります。これを**純資産等式**といいます。
先ほど解説したように資産はプラスの財産、負債はマイナスの財産なので、資産から負債を差し引いた金額は「純資産」になります。
純資産は「正味財産」「純財産」などとも表現しますが、貸借対照表 (B/S) では純資産という言葉を使います。

鉄則 資産、負債、純資産の関係はこうなっている！

資産 ＝ 負債 ＋ 純資産 …… 貸借対照表等式

資産 − 負債 ＝ 純資産 …… 純資産等式

財務内容の見方

　では、A社（図表1）とB社（図表2）ではどちらの財務内容が良いでしょうか？　A社は資産が100億円、B社の資産は50億円ですが、資産で会社の財務内容を比較してはいけません。

　A社の資産は100億円ですが、純資産は30億円です。それに対してB社は資産50億円ですが、純資産は40億円あり、A社の純資産より10億円多いので、B社の財務内容のほうが良いといえます。

　このように、会社の財務内容を比較する場合には「純資産」の金額で判断してください。

　「純資産」の金額が多い会社のほうが財務内容は良い会社といえます。※

　なお、貸借対照表（B/S）については第3章で詳しく解説します。

B社の貸借対照表（B/S）（図表2）

（借方）	貸借対照表（B/S）	（貸方）
資産　50億円	負債　　10億円	
	純資産　40億円	
（50億円）	（50億円）	

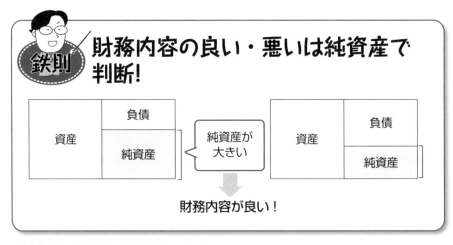

鉄則　**財務内容の良い・悪いは純資産で判断！**

純資産が大きい ⇒ 財務内容が良い！

※本文中の特に重要な箇所には波線を引いています。

1-3 損益計算書（P/L）とはどんなもの？

損益計算書（P/L）は会社の利益を計算する書類であり、収益と費用から構成されています。ここでは、損益計算書（P/L）の内容と構造について見ていきます。

損益計算書（P/L）の構造

　次に損益計算書（P/L）を見ていきましょう。損益計算書（P/L）は会社の利益を計算するための書類です。1年間でどれくらい儲かったか、または損したかなどを知ることができます。損益計算書（P/L）の右側（貸方）には**収益**が入ります。収益は売上、受取利息など会社の収入をいいます。

　収益の代表的なものは会社の売上になります。会社や商店では製品や商品を販売して、サービス業の会社はお客さんに各種のサービスを提供して、それぞれ売上を得ますが、この売上が「収益」の最も代表的なものになります。

　損益計算書（P/L）の左側（借方）には**費用**が入ります。費用は給料、家賃、水道光熱費、広告宣伝費などの会社の経費をいいます。

鉄則 損益計算書（P/L）は収益と費用で構成されている!

（借方）	損益計算書（P/L）	（貸方）
❷費用		❶収益
（純利益）		

借方と貸方が一致!

❶**収益**　売上、受取利息などの「収入」をいいます。

❷**費用**　給料、家賃、広告宣伝費などの「経費」をいいます。

図表3のC社の損益計算書（P/L）を見てください。この会社の売上などの収益が100億円、給料、広告宣伝費などの費用が90億円としますと、純粋な利益である**純利益**は10億円と計算されます。

C社の損益計算書（P/L）（図表3）

（借方）	損益計算書（P/L）	（貸方）
費用　　90億円	収益　100億円	
（純利益）　10億円		
（100億円）		（100億円）

借方と貸方が一致！

実は、損益計算書（P/L）も左側（借方）と右側（貸方）が一致（バランス）します。算式で書くと以下のようになります。

費用　　　純利益　　　収益
90億円　＋　10億円　＝　100億円

つまり、「費用＋純利益＝収益」という算式になります。これを、**損益計算書等式**といいます。

また、会社の純利益は収益から費用をマイナスして計算します。C社は収益が100億円、費用が90億円なので純利益は10億円になります。

算式で書くと以下のようになります。

収益　　　費用　　　純利益
100億円　－　90億円　＝　10億円

収益・費用・純利益の関係はこうなっている！

鉄則

費用 ＋ 純利益 ＝ 収益　……　損益計算書等式

収益 － 費用　 ＝ 純利益

　図表4のD社の損益計算書（P/L）を見てください。この会社は売上などの収益が100億円、給料、広告宣伝費などの費用が105億円かかっています。このように収益よりも費用が多いことを**赤字**といいます。

　新聞やテレビなどで「○○会社が赤字になった」とか「○○会社の今期は赤字決算だ」などといいますが、簿記では赤字のことを**純損失**といいます。
　ちなみに費用より収益が多い場合は簿記では純利益ですが、よく**黒字**とか**黒字決算**といいます。
　なお、損益計算書（P/L）については第2章で詳しく解説します。

D社の損益計算書（P/L）（図表4）

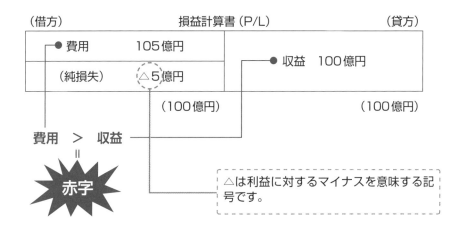

1-4 キャッシュフロー計算書とその他の書類

B/SとP/L以外の重要書類として、1年間のお金の流れを表すキャッシュフロー計算書と、一時点の純資産の変動を表す株式資本等変動計算書について見ていきます。

キャッシュフロー計算書とは

キャッシュフロー計算書（C/S）は、会社の1年間のお金の流れを記載した決算書です。

国際基準に準拠した会計基準を導入するため2000年3月期から公開会社に作成が義務付けられました。

非上場会社には、キャッシュフロー計算書の作成は義務付けられていませんが、1年間のお金の流れを把握するために作成することが望ましい決算書の一種です。

このキャッシュフロー計算書を見ると、会社がどのように資金（キャッシュ）を稼ぎ、どのように資金を使い、また期末に現金預金がいくら残っているかを把握できます。

なお、キャッシュフロー計算書については第4章で詳しく解説します。

株主資本等変動計算書とは

株主資本等変動計算書は、企業の一時点の純資産の変動を表す書類です。貸借対照表（B/S）の純資産の部の内訳、当期中の増減が表示されます。

具体的には、資本金の増資や自社株の取得、株主への配当金の支払い、利益準備金、任意積立金、別途積立金の積み立て、取り崩しなどが記入されます。

株主資本等変動計算書のサンプル（図表5）

前期末（期首）純資産の内訳です。

株式資本等変動計算書

自　令和 ○ 年 1 月 1 日　至　令和 ○ 年 12 月 31 日　単位 百万円

	資本金	株主資本			株主資本	純資産の部
		利益剰余金				
		利益準備金	その他利益剰余金 繰越利益剰余金	利益余剰金		
前期末残高	30	2	35	37	67	67
当期変動額						
新株の発行	20				20	20
利益剰余金の配当			△10	△10	△10	△10
配当に伴う利益準備金の積立		1	△1			
当期純損益金			12	12	12	12
当期変動額合計	20	1	1	2	22	22
当期末残高	50	3	36	39	89	89

期末純資産の内訳です。

「資本金」が20百万円増資されています。

配当に伴い**利益準備金**＊が1百万円積み立てられています。

株主に対し配当金を10百万円支払っています。

＊**利益準備金**　会社法により、配当金の10％を利益準備金として積み立てることが定められている（上記では配当金10百万円の10％、1百万円が利益準備金として積み立てられている）。なお、資本剰余金と利益準備金の合計が、資本金の1/4に達するとそれ以上の積み立ては不要。

✏ 第1章●確認問題

問題1 貸借対照表 (B/S) の (　) の中に適切な言葉を入れてください。

(借方)	貸借対照表 (B/S)	(貸方)
（ ① ）	（ ② ）	
	（ ③ ）	

（ ① ）　現金、預金、商品、土地などのプラスの財産をいいます。

（ ② ）　借入金、未払金などのマイナスの財産をいいます。

（ ③ ）　資産から負債を差し引いた「正味の財産」をいいます。

[解答欄]　①（　　　　　）　②（　　　　　）　③（　　　　　）

正解

①（ 資産 ）　②（ 負債 ）　③（ 純資産 ）

問題2 損益計算書 (P/L) の (　) の中に適切な言葉を入れてください。

(借方)	損益計算書 (P/L)	(貸方)
（ ② ）	（ ① ）	
（ ③ ）		

（ ① ）　売上、受取利息などの「収入」をいいます。

（ ② ）　給料、家賃、広告宣伝費などの「経費」をいいます。

[解答欄]　①（　　　　　）　②（　　　　　）　③（　　　　　）

正解

①（ 収益 ）　②（ 費用 ）　③（ 純利益 ）

2章 損益計算書のキホン

　損益計算書（P/L）からは、会社がいまいくら儲かっているのか、または損しているのかが読み取れます。

　そして、損益計算書（P/L）を経営分析することにより、会社が伸びる力（成長性）、稼ぐ力（収益性）などを把握することができます。

　この章では、この損益計算書（P/L）の見方・読み方、経営分析について、実際の計算例を使って解説していきます。

▶ 動画対応ページ ▶ Chapter2

本章では、損益計算書（P/L）の仕組みについて詳しく見ていきます。まずは、売上高、売上原価と売上総利益を取り上げます。

売上高とは

　まずはじめに損益計算書（P/L）から解説します。第1章でも説明しましたが、「損益計算書は会社の利益を計算しているもの」になります。会計用語では、企業の**経営成績**を明らかにしている、と表現しています。簡単にいえば、会社はいま、いくら儲かっているのか、または損しているのかが、損益計算書から読み取れるのです。

　さらに、1年間にいくら売上があって、売上原価がいくらで、人件費や金利などの経費をいくら支払った結果、その利益が出てきたか、というところまでしっかり明示されています。

　次ページにモデル会社の損益計算書（P/L）を記載したので、そちらで解説します。

　まず、損益計算書（P/L）の一番上には**売上高**（ア）がきます。売上高とは、企業が商品やサービスを提供することで得た売上の合計額のことです。モデルの損益計算書（P/L）を見ると、×2.1〜×2.12期（以下、当期という）の売上は1,000百万円（10億円）であったことが読み取れます。

モデル会社の損益計算書（P/L）（図表1）

2. 損益計算書

(単位:百万円)

		×1.1〜×1.12		×2.1〜×2.12	
Ⅰ. 売上高 ㋐			800		1,000
Ⅱ. 売上原価 ㋑					
期首商品棚卸高 ❶		90		81	
当期商品仕入高 ❷		311		497	
合 計		401		578	
期末商品棚卸高 ❸		81	320	158	420
売上総利益 ㋒			480		580
Ⅲ. 販売費及び一般管理費 ㋓					
給与・賞与・役員報酬		152		163	
交際費		25		30	
減価償却費		16		20	
支払運賃		40		50	
旅費交通費		30		40	
広告宣伝費		100		150	
地代家賃		30		35	
貸倒引当金繰入額		5		6	
賞与引当金繰入額		5		6	
その他		21	424	40	540
営業利益 ㋔			56		40
Ⅳ. 営業外収益 ㋕					
受取利息・配当金		5		7	
貸倒引当金戻入		4		5	
雑収入		8	17	13	25
Ⅴ. 営業外費用 ㋖					
支払利息		16		40	
雑損失		9	25	5	45
経常利益 ㋗			48		20
Ⅵ. 特別利益 ㋘					
投資有価証券売却益			5		25
Ⅶ. 特別損失 ㋙					
固定資産売却損			3		5
税引前当期純利益 ㋚			50		40
法人税、住民税及び事業税			16		13
当期純利益 ㋛			34		27

売上原価とは

　次の区分が**売上原価**（❶）です。売上原価は売れた商品の仕入れや製造にかかった費用のことで、次の３つから構成されています。

- **期首商品棚卸高**：期首、すなわち、この会社の場合には１月１日の営業を開始する直前にあった商品の金額です。
- **当期商品仕入高**：当期中、１月から12月までの１年間に仕入れた商品の合計額です。
- **期末商品棚卸高**：期末決算日の営業終了後に在庫の商品をカウントします（「棚卸し」という）。

　売上原価は、「期首商品棚卸高＋当期商品仕入高－期末商品棚卸高」で計算されます。サンプルの損益計算書（P/L）の場合、以下の計算式になります。

期首商品棚卸高		当期商品仕入高		期末商品棚卸高		売上原価
81百万円	＋	497百万円	－	158百万円	＝	420百万円

売上総利益とは

　売上原価の下には**売上総利益**（❷）があります。売上総利益は、その事業年度中の儲けを表し、「売上高 － 売上原価」で計算されます。

売上高		売上原価		売上総利益
1,000百万円	－	420百万円	＝	580百万円

　売上総利益は一般的に**粗利（あらり）**といわれています。よく、この商品は「粗利がとれる」とか、「粗利がとれない」という表現をします。

　決算書では、この「粗利」という言葉は使わずに「売上総利益」という言葉で表示されます。

「事業年度」をおさえておこう!

　損益計算書（P/L）では、会社の利益を計算していますが、利益の計算は必ず期間の明示が必要です。ある会社で「1千万の利益が出ました」といっても、それが1日の利益なのか、1週間の利益なのか、1ヵ月の利益なのかはわからないからです。

　このように、会社の利益を計算する期間のことを事業年度といいます。

　モデル会社の事業年度は毎年1月1日から12月31日までです。そして、事業年度の初日のことを期首、事業年度の末日のことを期末または決算日といいます。モデルの株式会社では、期首が1月1日、期末（決算日）が12月31日になります。

期首
（1/1）　　　　　　　　　事業年度　　　　　　　　期末（決算日）
　　　　　　　　　　　　　　　　　　　　　　　　（12/31）

日本では3月決算の会社が多いですが、最近は海外の子会社と決算期を合わせるため、12月決算も増えてきています。

2-2 販売費及び一般管理費と営業利益（損益計算書の内容②）

販売費及び一般管理費は一般に経費といわれ、営業利益は本業で稼いだ利益を表します。ここでは、これらの内容と営業利益の計算方法を紹介します。

販売費及び一般管理費とは

売上総利益の下には、**販売費及び一般管理費**（25ページの図**エ**）が入ります。販売費及び一般管理費とは、一般に費用、経費といわれるものです。給料、賞与などの人件費、広告宣伝費、お店や事務所などの支払家賃、通信費、消耗品費、交際費、支払運賃などいろいろな勘定科目で表されます。

25ページの決算書はモデル会社なので、販売費及び一般管理費の項目を少なくしてすべて表示していますが、一般的な会社の決算書では、損益計算書の販売費及び一般管理費は合計額で記載し、別のページで**販売費及び一般管理費の内訳明細書**を作成しています。

会社の費用、経費の内訳は、この販売費及び一般管理費の内訳明細書を見ると一目瞭然です。なお、この販売費及び一般管理費は**販売管理費**と略記されることもあります。

営業利益とは

販売費及び一般管理費の下に、**営業利益**（25ページの図**オ**）があります。営業利益とは、企業が本業で稼いだ利益を表し、**本業の利益**と呼ばれています。新聞の経済欄では、「○○会社の本業の儲けを示す営業利益が当期は○○百万円出ています」という表現がよく使われます。

営業利益は、「売上総利益 − 販売費及び一般管理費」で計算されます。

売上総利益		販売費及び一般管理費		営業利益
580百万円	−	540百万円	=	40百万円

　ここでいう「本業の利益」とは、売上から売上原価、諸経費（販売費及び一般管理費）を引いた金額のことを指し、この段階では金融機関などに対する支払金利といった財務活動が含まれていない利益という意味です。この営業利益が多く出ている会社は、本業で儲かっている、といえます。

　逆に、この営業利益が少ない会社は本業で儲かっていないといえます。まして、この営業利益がマイナスの場合（**営業損失**という）には、本業で赤字が出ていることになります。売上の増加、売上原価の引下げ、または、経費削減による販売費及び一般管理費の引下げなどの対策を早急に打たなければ、会社の存在そのものが危うくなります。

販売費及び一般管理費の内訳を見ると、会社がどのような費用、経費を使っているかがわかります。自社の決算書の場合、無駄な費用・経費がないかチェックしましょう！

営業外収益は営業活動以外から生じる利益、営業外費用は営業活動以外から生じる費用を指し、経常利益は会社の経常的な活動に基づく利益を示します。

営業外収益、営業外費用とは

営業利益の下には、**営業外収益**（25ページの図カ）と**営業外費用**（25ページの図キ）があります。営業外収益とは、企業の主な営業活動以外の活動から生じる利益のことをいいます。主なものとしては、受取利息・配当金などがあります。

営業外費用とは、企業の主な営業活動以外の活動から生じる費用のことをいいます。主なものとしては、支払利息・手形売却損（手形の割引料）があります。

営業外収益・営業外費用は、会社の財務活動といえる財務収益、財務費用が大部分を占めます。特に中小企業では、支払利息・手形売却損（手形の割引料）が高いウエートを占める会社が多くなります。

経常利益とは

そして、先ほどの営業利益に営業外収益をプラスし、営業外費用をマイナスしたものが**経常利益**（25ページの図ク）です。

経常利益というのは、会社の本業の営業活動、そして財務活動を含んだ、文字どおり、「会社の経常的な活動に基づく利益」を意味し、「会社の実力が現れる利益」といわれています。銀行などの金融機関や株主などの利害関係者も、この経常利益に注目しています。

また、新聞の経済欄では、「○○会社の実力を示す経常利益が当期は○○百万円出ています」いう表現がよく使われます。

モデル会社の経常利益は、以下の計算式で求められます。

営業利益		営業外収益		営業外費用		経常利益
40百万円	+	25百万円	−	45百万円	=	20百万円

2-4 特別利益、特別損失、税引前当期純利益（損益計算書の内容④）

特別利益と特別損失は臨時で発生する利益と損失、税引前当期純利益は税金を差し引く前の利益を示します。ここでは、これらの内容と計算方法を紹介します。

特別利益、特別損失、税引前当期純利益とは

経常利益の下には、**特別利益**（25ページの図❼）と**特別損失**（25ページの図❸）があります。これらは読んで字のごとく、特別な利益、特別な損失が入ります。例えば、本社や工場の土地を売却した利益、投資有価証券の売却益、リストラで支払った多額の早期退職金、子会社の整理損や多額の不良債権を償却した損失など、臨時で発生する利益、損失になります。

経常利益に特別利益をプラスし、特別損失をマイナスしたのが**税引前当期純利益**（25ページの図❾）です。税引前当期純利益は、税金を差し引く前の利益を表します。

それでは、モデル会社の税引前当期純利益を計算してみましょう。

経常利益		特別利益		特別損失		税引前当期純利益
20百万円	＋	25百万円	－	5百万円	＝	40百万円

法人税、住民税及び事業税、当期純利益とは

会社が利益を上げると、法人税・住民税・事業税が課税されます。本書執筆時点で、3つの税金を合わせた税率（利益に対して何％の税金を払うか、という率）は、約31％です。つまり、1億円の利益があると、税金は約31百万円です。

この税金を、税引前当期利益の下に**法人税、住民税及び事業税**として表示しています。「税引前当期純利益」から「法人税、住民税及び事業税」を引いた金額が**当期純利益**（25ページの図❿）です。税金を差し引いたあとの利益なので**税引後当期純利益**とも呼びます。

それでは、モデル会社の当期純利益を計算してみましょう。

税引前当期純利益		法人税、住民税及び事業税		当期純利益
40百万円	−	13百万円	=	27百万円

モデル株式会社の当期純利益を見ますと、×1.1〜×1.12期（以下「前期」という）が34百万円、当期は27百万円と経常利益ほど落ち込んでいません（経常利益は、前期48百万円、当期20百万円です）。

その理由は、特別利益にあります。当期には「投資有価証券売却益　25百万円」が計上されているからです。すなわち、この会社では経常利益の落ち込みを、含みのある投資有価証券を売却して穴埋めしています。

逆に、経常利益は出ているのに、特別損失で多額の子会社整理損や不良債権の償却をしているため**当期純損失**になっている場合もあります。

このように、当期純利益、当期純損失で会社の状態を判断すると誤る場合もありますので、必ず会社の実力である経常利益で判断してください。そして、経常利益と当期純利益に大きな差があるときは、必ず特別利益、特別損失をチェックしてみてください。

 ## 2000年、（株）光通信の株価急落

西暦2000年に、（株）光通信の株価が最高値24万1千円から1,610円に急落しました。同年の決算報告書を見ると「当期純利益」は約62億円を計上していました。ところが、「営業利益」を見ると▲113億円となっています。すなわち営業損失を113億円も計上していたわけです。当時はIT、ネットバブルの真っ最中で（株）光通信も未公開会社に多額の出資をしていました。それらの企業が上場し多額のキャピタルゲイン*を手にして当期純利益を計上したわけですが、本業では儲かっていなかったわけです。含みのある有価証券は無限にあるわけではなく、それらを売却し終わると最終的に赤字になる可能性大きいため、株価が急落したのです。

***キャピタルゲイン**　株式や債券など保有している資産を売却して得られる売買差益のこと。

2-5 損益計算書の5つの利益

損益計算書には売上総利益や営業利益など5つの利益が存在します。これらの利益は損益計算書を読み解くうえで重要になるため、違いを覚えておきましょう。

5つの利益とは

損益計算書 (P/L) には5つの利益があります。各利益の内容は以下のとおりです。損益計算書 (P/L) を読むときに大事なポイントとなりますので、覚えておきましょう。

▶ 売上総利益

売上高から売上原価をマイナスした金額で、一般的に「粗利」といわれています。

 ポイント

売上総利益 (粗利) の大きさは業種によって異なる。
➡詳しくは43ページ

▶ 営業利益

売上総利益から販売費及び一般管理費をマイナスした金額で、「本業の儲け」を示します。

 ポイント

営業利益大…本業で儲かっている。
営業利益小…本業で儲かっていない。

▶ 経常利益

営業利益に営業外収益をプラス、営業外費用をマイナスした金額で、「会社の実力を示す利益」といわれます。

!ポイント

経常利益が大きい会社が「高収益企業」といわれる。

売上高	売上原価	
	販売費及び一般管理費	
	営業外損益*	営業利益
	経常利益	

▶ 税引前当期純利益

経常利益に特別利益をプラス、特別損失をマイナスした金額で、税金を支払う前の利益です。

!ポイント

経常利益との間に差がある場合は特別利益・特別損失をチェック！

売上高	売上原価	
	販売費及び一般管理費	
	営業外損益	
	特別損益*	経常利益
	税引前当期純利益	

▶ 当期純利益

税引前当期純利益から法人税、住民税及び事業税をマイナスした金額で、「税引後の当期純利益」になります。

!ポイント

赤字の場合は「当期純損失」。
経常利益が黒字でも、多額の特別損失で赤字になる場合も。

売上高	売上原価	
	販売費及び一般管理費	
	営業外損益	
	特別損益	
	法人税、住民税及び事業税	税引前当期純利益
	当期純利益	

* **営業外損益** 営業外収益と営業外費用を通算した金額のこと。
* **特別損益** 特別利益と特別損失を通算した金額のこと。

2-6 当期の決算が増収・減収、増益・減益かを確かめる

▶ 動画対応ページ ▶ Chapter3

主要損益分析表で主要な数値を前期と比較することで、企業の決算が増収か減収か、増益か減益かを確認できます。ここでは、その方法について解説します。

主要損益分析表を使う

当期の決算を一言で表すには、**主要損益分析表**を使うと便利です。主要損益分析表とは、前期と当期の損益計算書の主な数値を記入して、増減や対前期比を示した表です。損益計算書を経営分析する場合は、この主要損益分析表で主な数値をつかんでから細かい数字を見ていくのがポイントです。

さっそく、モデル会社の損益計算書（P/L）（25ページ）から該当する数字を記入し、以下の主要損益分析表を作成してみましょう。

主要損益分析表（図表2）

（単位：百万円）

項目	前期*	当期*	増減*	対前期比*
売上高	800	1,000	200	125.0% ─ ⓐ
売上原価	320	420	100	131.3%
売上総利益	480	580	100	120.8%
販売管理費	424	540	116	127.4%
営業利益	56	40	△16	71.4%
経常利益	48	20	△28	41.7% ─ ⓘ

＊**前期と当期** 前期は25ページ図表1の「×1.1〜×1.12」、当期は同図表の「×2.1〜2.12」を指す。
＊**増減** 当期−前期（マイナスの場合は△を付ける）で計算。
＊**対前期比** 前期を100%としたときの当期の数値（小数点以下第2位を四捨五入して第1位まで）。当期÷前期×100で計算。

モデル会社の当期（×2.1〜×2.12期）の売上高は1,000百万円、前期（×1.1〜×1.12期）の売上高は800百万円ですので、当期は前期に比べて売上が200百万円増加しています。対前期比は125.0%なので、当期は前期の売上の25%アップになっています（主要損益分析表の⑦）。

このように、前期に比べて当期の売上が増えることを**増収**といいます。逆に前期に比べて当期の売上が減少することを**減収**といいます。モデル会社の当期は200百万円（対前期比125%）と売上が増加していますので、大幅な増収といえます。

経常利益で確認

次に、モデル会社の経常利益を見ていきます。経常利益ですが、当期は前期に比べて28百万円減少しています。対前期比は41.7%ですので、当期は前期の経常利益から58.3%ダウンしています（主要損益分析表の④）。

このように、前期に比べて当期の経常利益が減少することを**減益**といいます。逆に前期に比べて当期の経常利益が増加することを**増益**といいます。

よって、モデル会社の当期の決算を一言で総括すると**増収・減益**の決算といえます。

鉄則 決算は4つのパターンに分かれる！

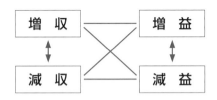

❶**増収増益**：売上が増加し経常利益も増えている理想の状態。

❷**増収減益**：売上は増加しているが、経常利益が減少している状態。原因が明確な場合はいいが、「売上原価率」が上昇している場合などは注意が必要。

❸**減収減益**：売上が減少し経常利益も減っている状態。一時的な現象ならいいが、この状態が続くと会社はじり貧に。

❹**減収増益**：自然にはならないが、絞り込みをかけると起こる。具体的には不採算店の閉店や不採算部門からの撤退をしたときには、減収・増益になる場合がある。

33期連続「増収増益」の会社とは?

　損益計算書の仕組みがわかってきたところで、実際の企業の損益計算書を見てみましょう。下記の会社は2020年2月決算で33期連続「増収増益」を達成しました。さて、クイズです。こちらの損益計算書はどの企業のものでしょうか? (ヒントは、「お値段以上〇〇〇」)

増収

② 【連結損益計算書及び連結包括利益計算書】
【連結損益計算書】

(単位：百万円)

	前連結会計年度 (自 2018年2月21日 至 2019年2月20日)	当連結会計年度 (自 2019年2月21日 至 2020年2月20日)
売上高	608,131	642,273
売上原価	276,709	287,909
売上総利益	331,421	354,364
販売費及び一般管理費	※1 230,642	※1 246,886
営業利益	100,779	107,478
営業外収益		
受取利息	481	522
受取配当金	37	36
為替差益	95	－
自動販売機収入	246	247
有価物売却益	390	374
持分法による投資利益	511	588
その他	797	706
営業外収益合計	2,561	2,476
営業外費用		
支払利息	101	283
為替差損	－	24
その他	185	124
営業外費用合計	286	432
経常利益	103,053	109,522
特別利益		

増益

正解：ニトリ〔(株)ニトリホールディングス〕

2-7 増収・減益の理由は？

売上拡大のための新規出店や広告宣伝などで販売管理費が増加し、増収・減益になる
場合があります。こうした場合は減益であっても、経営には問題がないといえます。

増減の理由を確認

ここからは、モデル会社（25ページ）が増収・減益になった原因を見ていき
ましょう。

売上総利益の増減を見ますと、100百万円増加しています。これは望ましい
傾向ですが、もう1つ注目していただきたいのが、販売管理費の増減との関係で
す。販売管理費の増減はどうなっているでしょうか？　販売管理費も116百万
円増加しています。しかも、売上総利益の増加額100百万円よりも販売管理費
の増加額が16百万円多いため、営業利益は逆に16百万円減少しています（主
要損益分析表の網かけ　　　の中の数字です）。売上総利益の増加100（＋）から
販売管理費の増加116をマイナスすると営業利益の△16になります。

$$100 - 116 = △16$$

モデル会社では、売上が増加し、売上総利益も増加しましたが、それ以上に販
売費及び一般管理費が増加したため、営業利益、経常利益が減少しました。

こういう結果が出るとすぐに経営が悪くなっていると判断してしまいがちで
すが、それは決算書という一時点のみの経営分析の結果です。翌期の利益につな
がるような目的による増加であれば問題ありません。

例えば、「今期は新規店舗を出店して出店コストが増大した」「人を多く採用し
て人件費が増大した」「新製品販売のため広告宣伝に力を入れた」などの理由で、
一時的に販売管理費が増加しているケースであれば問題ないでしょう。もちろ
ん、翌期に実際に利益が増えているかどうかの検証は必要ですので、経営分析は
必ず複数年度で行ってください。

▨▨▨ 勘定科目の内訳明細を作成

　もう１つ大切なことは、販売管理費のどの勘定科目が増加しているかのチェックです。モデル会社の販売費及び一般管理費を見ますと、「給与・賞与・役員報酬」「交際費」「支払運賃」「旅費交通費」「広告宣伝費」といった科目が増えています。

　このように、人員を増員して給与・賞与・役員報酬などの人件費が増加したり、広告宣伝費などの費用が増加している場合には、その効果として売上や売上総利益が増加しているかを当期および翌期にわたってチェックしてください。

　また、自社の決算書の場合には、例えば、旅費交通費でしたら「旅費交通費の中で何が増えているのか？」について、勘定科目の内訳明細を作成してみてください。会計ソフトを使用していれば、定期代・タクシー代・ガソリン代・出張旅費といった補助科目を設定することにより、内訳を簡単に計算できると思います。それをもとに、無駄な販売管理費の支出を削減することができます。

主要損益分析表（図表３）

（単位：百万円）

項目	前期	当期	増減	対前期比
売 上 高	800	1,000	200	125.0%
売 上 原 価	320	420	100	131.3%
売 上 総 利 益	480	580	100（＋）	120.8%
販 売 管 理 費	424	540	116（－）	127.4%
営 業 利 益	56	40	△16	71.4%
経 常 利 益	48	20	△28	41.7%

　売上総利益の増加（100百万円増加）よりも、販売費及び一般管理費の増加（116百万円増加）のほうが大きいため、営業利益は前期に比べて減少（100－116＝△16）している。

鉄則 悪化した理由を追求しよう!

損益計算書 (P/L) はその年の利益を表しています。そのため、それにもとづく経営分析はその時点の分析であって、将来を分析しているわけではありません。よって、決算書の数字が悪くても以下のようにコスト増加について明確な理由があり、来期に好転が見込める場合は問題ありません。

● 新入社員が多く入り教育費がかさんだが、来期は新人たちが戦力になる。

● 今期は新規出店が多く出店コストがかさんだが、来期はこれらの店舗がフル稼働する。

● 新製品・新商品のための広告宣伝費を多額にかけたので、来期は売上の増加が見込める。

● 新規市場開拓のためのコストがかさんだが、来期は新しい市場での売上が見込める。

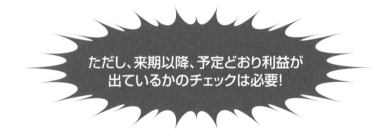

ただし、来期以降、予定どおり利益が
出ているかのチェックは必要!

2-8 売上原価率と売上総利益率

売上原価率は売上に占める原価の割合であり、売上総利益率は売上に占める売上総利益の割合を示します。原価管理の重要な指標なので、計算方法を覚えておきましょう。

原価のある業種にとって重要な指標

それでは、実際に損益計算書を経営分析していきたいと思います。

正解も付けてありますが、モデル会社は数字を簡単にしてやさしく計算できるようにしてありますので、ぜひ電卓をたたいて実際に計算してみてください。

最初に、売上高に占める売上原価の割合を示す**売上原価率**、売上高に占める売上総利益の割合を示す**売上総利益率**を計算しましょう。モデル会社の損益計算書（25ページ）から該当する数字を以下に記入して計算*してください。

▶計算式

$$売上原価率 = \frac{売上原価}{売上高} \times 100 \qquad 売上総利益率 = \frac{売上総利益}{売上高} \times 100$$

	前期	当期
売上原価率	$\frac{(\quad)}{(\quad)} \times 100$ ＝ ％	$\frac{(\quad)}{(\quad)} \times 100$ ＝ ％
売上総利益率	$\frac{(\quad)}{(\quad)} \times 100$ ＝ ％	$\frac{(\quad)}{(\quad)} \times 100$ ＝ ％

＊…**して計算** 少数点以下第2位四捨五入、第1位まで計算する。

答えは、以下のようになります。

▶ **正解**

	前期	当期
売上原価率	$\dfrac{(320)}{(800)} \times 100$ $= 40.0\%$	$\dfrac{(420)}{(1,000)} \times 100$ $= 42.0\%$
売上総利益率	$\dfrac{(480)}{(800)} \times 100$ $= 60.0\%$	$\dfrac{(580)}{(1,000)} \times 100$ $= 58.0\%$

　この売上原価率、売上総利益率は、原価のある業種ではしっかりと管理したい経営指標になります。卸売業、小売業の場合は売上原価率、製造業（メーカー）の場合は**製造原価率**、建設業の場合は**工事原価率**と呼ばれます。また、飲食業は売上原価率ともいいますが、**食材比率**、**フードコスト**とも呼ばれます。サービス業は一般に原価はわずかですので、それほど重視しなくても大丈夫です。

　この売上原価率と売上総利益率はセットで見ていきます。売上原価率と売上総利益率を足すと必ず100%になるからです（端数処理の関係で0.1%ずれる場合があります）。売上高（売価）は、原価と利益（粗利）で構成されているので、100%になるのです。これを計算式で表すと、「売上高 ＝ 売上原価 ＋ 売上総利益」となります。

　そしてこの2つの数値は反比例します。モデル会社では、当期と前期を比較すると売上原価は2%増加していますが、売上総利益率は逆に2%減少しています。

　あなたの会社の決算書、興味のある会社の決算書も同様に計算してみてください。最低2年間、できれば5年、10年と比較すると、より正確に傾向をつかめます。

売上総利益率の水準はどう判断する？

よくある質問で、「売上総利益率は何%がいいのでしょうか？」と聞かれますが、これは業種、業態で違いがあり、一概にはいえません。例えば、100円ショップのように薄利多売をしている会社では売上総利益率は低いでしょうし、高級家具などを扱っている会社では売上総利益率が高い傾向にあります。自社と同業種の数値を参考にするのも1つの方法ですが、ぜひ自社の数値の推移に注目してください（下の「鉄則」で、主な業種の売上原価率、売上総利益率の目安を一覧にしたので、参考にしてください）。

ここ数年は、「売上原価率」が上昇し、反対に「売上総利益率」は下降している会社が多いのではないでしょうか。すなわち、利益（粗利）がとりにくくなっています。

「売上原価率」が上昇している原因は、仕入金額や材料費が高騰しているのにその値上がりを売価に転嫁できないケースや、分母の売上高（正確には「売価」）が下がっているケースなどが考えられます。すなわち、売価がデフレの影響で下がっている、競争が激しくて無理な値引きを要求されている、といったケースが多いためです。無理な値下げは気を付けたほうがいいという事例は、このあと解説していきます。

売上原価率と売上総利益率の業種別目安！

	売上原価率	売上総利益率
建設業	80〜85%	15〜20%
製造業	75〜80%	20〜25%
卸売業	84〜91%	9〜16%
小売業	67〜75%	25〜33%
飲食業	30〜45%	55〜70%

鉄則 売上原価率と売上総利益率はセットで見る!

（売上原価率）

$$\frac{売上原価}{売上高} \times 100$$

（売上総利益率）

$$\frac{売上総利益}{売上高} \times 100$$

合計すると必ず100%になる

▶両者は反比例の関係

売上原価率
高くなる ↗

（売上原価率）

$$\frac{売上原価}{売上高} \times 100$$

売上原価率
低くなる ↘

売上総利益率
低くなる ↘

（売上総利益率）

$$\frac{売上総利益}{売上高} \times 100$$

売上総利益率
高くなる ↗

▶売上原価率が上昇する原因　その1

↗ 原価が上がる

$$\frac{売上原価}{売上高} \times 100$$

仕入金額や材料費の値上がりを売価に転嫁できないケースなど

▶売上原価率が上昇する原因　その2

$$\frac{売上原価}{売上高} \times 100$$

↘ 売価が下がる

デフレの影響や競争が激しく売価の無理な値下げをしたケースなど

2-9 値引きがもたらす意外な影響

値引きをすると、予想以上に利益が下がり赤字になることが少なくありません。ここでは、その理由について損益計算書を使って見ていきましょう。

値引きで赤字になる理由

「社長、競合会社がずいぶん値引きをしているようです。うちの見積もりでは全然勝負になりません。もっと値引きしましょう」という営業担当者の声に押されて無理な値引きを行い、赤字に転落している会社をよく見かけます。これはどうしてなのでしょうか？

その疑問にお答えする前に、次の問題について考えてみてください。A社の1ヵ月の損益は次のとおりでした。

A社の1ヵ月の損益 (図表4)

(単位：千円)

売上高	10,000
売上原価（変動費）	8,000 (80%)
売上総利益	2,000 (20%)
販売費及び一般管理費（固定費）	1,500
営業利益	500

売上原価率が80%で、営業利益が月50万円計上されています。

このA社が、同業他社との競争が厳しいからといって、10%の値引きをしたとします。さて、同じ営業利益を上げるためには、売上を元の売上の何倍にすればいいでしょうか？

1.1倍か、1.2倍か、1.3倍か、それとも1.5倍でしょうか？

少しの間、本を閉じて考えてみてください。

私がセミナーなどで同じ質問をしますと、1.3倍から1.5倍の売上アップという答えが大多数を占めます。

実は、答えは2倍です。わずか10%の値引きを行うと、なんと2倍の売上を上げないと同額の営業利益は得られません。

値引き後の損益計算書は以下のようになります。

10%値引き後のP/L（図表5）

値引き前の「営業利益」を確保するには倍の売上が必要

	（単位：千円）	（単位：千円）
売上高	9,000	→ 18,000
売上原価（変動費）	8,000	16,000
売上総利益	1,000	2,000
販売費及び一般管理費（固定費）	1,500	1,500
営業利益	△ 500	500

ポイントは、値引きなので、売上原価の額は変わらないことです。そして、家賃や給料などの販売費及び一般管理費は、値引きしたからといって減少するわけではないので（故に**固定費**という）、結局、50万円の赤字に転落します。

上記「10%値引き後のPL」の売上総利益に注目してください。値引き前の売上総利益に比べると半額になっています。すなわち、10%の値引きをすると、同額の営業利益を上げるには、2倍の売上を達成しなければならないことがおわかりいただけると思います。

値引きによる赤字を避けるには

なお、この問題は少し極端に作っています。実際は後述のとおり売上原価率との関係で決まります（この問題は当初の原価率が80%なので、2倍です。もし当初の原価率が70%ならば、1.5倍が正解になります）。

こうした値引きによる赤字を避けるには、次の3つの方法があります。

❶値引きを受けない体制作り

「自社でしか手に入らない商品を扱っている」「商品・製品に対するコンサル

ティング能力がある」「納期が早い」「店員の接客などのサービスが良い」「(飲食店などでは)味が良い」などの強みを持つことで、値引きを受けない強い体質を作りましょう。

❷値引きをしても大量に売る

　以前、マクドナルドがハンバーガーの平日価格を半分にしたら、約4.8倍の売上があったそうです。同様に吉野家は、牛丼を280円に値下げしたら売上が約2.3倍になったそうです。このように、値引きをしても大量に販売することができれば利益は落ちません。先ほどの例ですと2倍以上の売上を上げればよいわけです(ただし、この方法は非常に危険です。マクドナルドはその後、赤字に転落しました。吉野家の牛丼もその後値上げしています)。

❸売上原価および販売管理費を引き下げる

　「外注やアウトソーシングで製造原価を引き下げる」「仕入先を開拓し仕入原価を引き下げる」など、売上原価率が下がる方法を考えたり、「販売費及び一般管理費」を減らせないか対策を考えます。

▼原価率と値引きの関係

原価率	5%値引き	10%値引き	20%値引き
90%	2倍	儲けなし	赤字
85%	1.5倍	3倍	赤字
80%	1.33倍	2倍	儲けなし
75%	1.25倍	1.67倍	5倍
70%	1.2倍	1.5倍	3倍
65%	1.16倍	1.4倍	2.33倍
60%	1.14倍	1.33倍	2倍
55%	1.13倍	1.29倍	1.8倍
50%	1.11倍	1.25倍	1.66倍
45%	1.1倍	1.22倍	1.57倍
40%	1.09倍	1.2倍	1.5倍
30%	1.07倍	1.17倍	1.4倍
20%	1.06倍	1.14倍	1.33倍
10%	1.05倍	1.12倍	1.28倍
0%	1.05倍	1.11倍	1.25倍

値上げによる影響とは

実は値上げは値下げとはまったく逆の効果があります。先ほどの会社が売価を10%値上げして同じ数量を販売した場合、営業利益は何倍になるでしょうか？（計算上、売上原価、販売費及び一般管理費は変わらないものとします）

値上げによる影響（図表６）

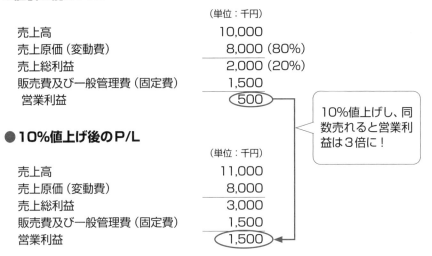

●値引き前のP/L

	（単位：千円）
売上高	10,000
売上原価（変動費）	8,000（80%）
売上総利益	2,000（20%）
販売費及び一般管理費（固定費）	1,500
営業利益	500

●10%値上げ後のP/L

	（単位：千円）
売上高	11,000
売上原価（変動費）	8,000
売上総利益	3,000
販売費及び一般管理費（固定費）	1,500
営業利益	1,500

10%値上げし、同数売れると営業利益は3倍に！

上記試算のように、この会社が10%値上げして同数売れると、営業利益はなんと3倍になります。もちろん、単純に値上げするとお客さんは離れてしまうので、値上げにはいろいろな戦略が必要ですが、価格が利益に与える影響がいかに大きいか理解できると思います。

なお、「6-2　損益分岐点売上高の計算方法」で、「値下げするとなぜ利益が極端に下がるのか」「値上げするとなぜ思った以上に利益を得られるのか」という仕組みを詳しく解説していきます。

2-10　営業利益率と経常利益率

営業利益率は営業利益が売上の何%か、経常利益率は経常利益が売上の何%かを見る指標です。会社の収益力の判断に役立つため、計算方法を覚えておきましょう。

営業利益率の計算

営業利益率は、本業の儲けである営業利益が売上の何%出ているかを計算している経営指標です。

モデル会社（25ページ）の営業利益率を下記の計算式で計算してみましょう。

▶ **計算式**

$$営業利益率 = \frac{営業利益}{売上高} \times 100$$

前期	当期
$\frac{(\quad)}{(\quad)} \times 100$ ＝　　　%	$\frac{(\quad)}{(\quad)} \times 100$ ＝　　　%

▶ **正解**

前期	当期
$\frac{(56)}{(800)} \times 100$ ＝　7.0%	$\frac{(40)}{(1,000)} \times 100$ ＝　4.0%

このモデル会社では、前期は売上の7.0%の営業利益を出し、当期は4.0%の営業利益を出していることがわかります。

この営業利益率は、もちろん高いことが好ましいですが、卸売業、商社、薄利多売の量販店など、利幅の薄い（売上原価率が高く、売上総利益率が低い）業種では低くなります。

経常利益率の計算

次に**経常利益率**を計算します。経常利益率とは、会社の実力を示す経常利益が売上の何%出ているかを計算している経営指標です。

モデル会社（25ページ）の経常利益率を下記の計算式で計算してみましょう。

▶ 計算式

$$経常利益率 = \frac{経常利益}{売上高} \times 100$$

前期	当期
$\dfrac{(\quad\quad)}{(\quad\quad)} \times 100$ $=\quad\quad\%$	$\dfrac{(\quad\quad)}{(\quad\quad)} \times 100$ $=\quad\quad\%$

▶ 正解

前期	当期
$\dfrac{(\ 48\ )}{(\ 800\ )} \times 100$ $=\ 6.0\%$	$\dfrac{(\ 20\ )}{(\ 1,000\ )} \times 100$ $=\ 2.0\%$

このモデル会社では、前期は売上の6.0%の経常利益を出していますが、当期の経常利益率は2.0%と急落しています。

　この経常利益率も高いことが好ましいといえます。経常利益率が10％以上あれば「高収益企業」といわれますが、やはり卸売業、商社、薄利多売の量販店など、利幅の薄い（売上原価率が高く、売上総利益率が低い）業種では低く計算されます。

営業利益率と経常利益率の計算方法を覚えておこう！

●営業利益率

$$営業利益率 = \frac{営業利益}{売上高} \times 100 \quad 高いほうがいい \nearrow$$

●経常利益率

$$経常利益率 = \frac{経常利益}{売上高} \times 100 \quad 高いほうがいい \nearrow$$

▼数字の目安

超優良	15％以上	並	2％〜4％
優良	10％〜14％	危険	2％未満
良	5％〜9％		

▼卸売業、商社、量販店など利幅の薄い業種

超優良	8％以上	並	1％〜2％
優良	6％〜7％	危険	1％未満
良	3％〜5％		

営業利益に占める正味支払金利の割合

営業利益に占める正味支払金利の割合は会社の健全性を見るために役立つ数値です。
練習問題を解きながら、計算方法と目安をおさえておきましょう。

企業の健全性を確認

　営業利益に占める正味支払金利の割合を計算してみましょう。これは営業利益に占める支払金利・割引料等の割合を示すもので、企業の**健全性**を見るのに役立ちます。ちょっと耳慣れない経営分析かもしれませんが、下記の計算式をもとにモデル会社 (25ページ) の数字を使って計算してみましょう。

▶ 計算式

$$\text{営業利益に占める正味支払金利の割合} = \frac{\text{正味支払金利 (支払利息・割引料 − 受取利息・配当金)}}{\text{営業利益}} \times 100$$

前期	当期
$\dfrac{(\quad - \quad)}{(\quad\quad)} \times 100$ $=\quad\quad\%$	$\dfrac{(\quad - \quad)}{(\quad\quad)} \times 100$ $=\quad\quad\%$

▶ 正解

前期	当期
$\dfrac{(\;16-5\;)}{(\;56\;)} \times 100$ $=19.6\%$	$\dfrac{(\;40-7\;)}{(\;40\;)} \times 100$ $=82.5\%$

30%以下であれば健全といえる

　分子は支払利息・割引料（割引料は、決算書では手形売却損・手形譲渡損と表示）から受取利息・配当金を差し引いた、正味の支払金利を計算しています。このとき、数値がマイナスになる会社がありますが、これは、支払利息・割引料よりも受取利息・配当金が多いという意味です。つまり、無借金会社など財務内容の良い会社ですので、この指標を気にする必要はありません。

　分母は、営業利益で割っています。営業利益は本業の儲けです。この指標は、営業利益（本業の儲け）のうち何%を金融機関などに金利として支払っているかを見ています。この指標は、30%以下が健全とみられる目安です。30%超になるとだんだんと資金繰り（キャッシュフロー）が悪化していきます。わずか30%と思われるかもしれませんが、これは金利だけの計算です。実際には金利に加えて借入金元本も返済していますので、ぜひとも30%以下に抑えてください。

　この割合が30%を超えると、次第に資金繰りに影響が出てきます。50%になると、せっかく本業で稼いでも、半分が支払利息・割引料と銀行の支払いに充てられるので、会社には半分の50%しか営業利益が残りません。

80〜90%で悪化、100%超は最悪倒産も

　さらに、営業利益に占める正味支払金利の割合が80%、90%になると、本業の儲け（営業利益）の大半が銀行など金融機関の支払利息・割引料の支払いに消え、会社には営業利益の10%、20%ほどしか残らないので、当然、資金繰りはますます悪化していきます（次ページの図表7、数字の目安を参照）。

　モデル会社の前期の営業利益に占める正味支払金利の割合は19.6%と健全でしたが、当期は82.5%と悪化しています。この数字は、本業の儲けの82.5%が支払利息として銀行など金融機関に支払われており、会社には本業の儲けの17.5%（100%−82.5%）しか残らないという意味です。

　この、営業利益に占める正味支払金利の割合が100%を超えると、本業の儲け（営業利益）の全額を支払利息・割引料に充ててもまだ不足しているということですので、このような状態が何年か続くと最悪、倒産してしまいます。

3つの方法がある

　営業利益に占める正味支払金利の割合は低いほうが良い、ということはおわかりいただけたと思いますが、では、この数値を下げるためにはどうしたらいいでしょうか。

　1つの方法として、分子の正味支払金利を下げる方法があります。正味支払金利を下げるには、支払利息・割引料を下げるか、受取利息・配当金を上げるかで対応することになります。しかし、資金繰りの厳しい企業が支払利息・割引料を下げたり、この低金利の時代に受取利息・配当金を上げることは不可能に近いと思います。

　もう1つの方法は、分母の営業利益を上げることです。営業利益は、以下の算式で計算されます。

> ### 営業利益 ＝ 売上高 － 売上原価 － 販売費及び一般管理費

　すなわち、営業利益を上げるには、「売上高を上げるか」「売上原価を下げるか」「販売費及び一般管理費を下げるか」の3つの方法があるのです。

　経営判断になりますが、例えば、新規顧客の開拓、リピーター客の増加、売れ筋商品の増加などにより売上の増加が見込めないか、新しい仕入れルートの開拓、飲食業でしたら食材の無駄のカットなどにより売上原価を下げられないか、また、経費の見直しにより販売費及び一般管理費を減少できないか、などを考えてください。

「営業利益に占める正味支払金利の割合」の数字の目安（図表7）

超優良	5％未満～無借金	注意	30％超～50％以下
優良	5％～10％未満	黄色信号	50％超～100％未満
良	10％～20％未満	危険	100％以上
並	20％～30％以下		

> 30％以下なら合格です。高い場合は56ページを参考に下げていきましょう。

営業利益に占める正味支払金利の割合には、売上高、売上原価、販売費及び一般管理費、および分子には企業の財務活動が入っています。したがって、この指標が良くなる（下がる）ことは経営全体が良くなっていることを示しています。逆に、この指標が悪くなる（上がる）ことは経営全体が悪くなっていることを示しています。

 ## マイカル倒産の予兆は2年以上前から決算書に現れていた

「営業利益に占める正味支払金利の割合」が企業の健全性を見る指標となることを裏付けるケースを紹介します。下表の数字は、2001年秋に経営が破綻した株式会社マイカルの直近2年間の「営業利益に占める正味支払金利の割合」です。

このとおり、いずれも100％を超えていました。すなわち、株式会社マイカルは本業の儲けである「営業利益」の全額を支払金利に充当してもまだ支払いは不足していたわけです。よって、本業で儲けを上げるだけでは経営を立て直すことができず、経営破綻につながったのです。

▼マイカルの「営業利益に占める正味支払金利の割合」

2000年2月期	2001年2月期
142.1%	104.0%

営業利益に占める正味支払金利の割合を下げる方法

「営業利益に占める正味支払金利の割合」を下げる（改善する）には、分子を小さく、分母を大きくします。

小さく

$$
\text{営業利益に占める正味支払金利の割合} = \frac{\text{正味支払金利（支払利息・割引料－受取利息・配当金）}}{\text{営業利益}} \times 100
$$

大きく

※割引料は、決算書では「手形売却損」「手形譲渡損」と表示される。

$$
\text{営業利益に占める正味支払金利の割合} = \frac{\text{正味支払金利（支払利息・割引料－受取利息・配当金）}}{\text{営業利益}} \times 100
$$

=

売上高－売上原価－販売費及び一般管理費

多く　少なく　少なく

　資金繰り（キャッシュフロー）が悪い会社が分子の「正味支払金利」を下げるのは不可能なので、分母の「営業利益」を上げる必要があります。営業利益を上げるには、次の3つの方法があります。

❶売上を増やす　❷売上原価（コスト）を下げる

❸販売費及び一般管理費を下げる（経費の削減）

（分子）財務を示す

$$
\text{営業利益に占める正味支払金利の割合} = \frac{\text{正味支払金利（支払利息・割引料－受取利息・配当金）}}{\text{営業利益}} \times 100
$$

（分母）本業を示す

※数字が低い（または分子がマイナスの）場合、本業も財務も良好。
※数字が高い場合、本業が悪い、財務が悪い、または本業も財務も悪い。

第2章・確認問題

問題1 損益計算書（P/L）には5つの利益がありますが、下記①～⑤の図はそれぞれどの利益を表しているでしょうか。（　）の中に適切な言葉を入れてください。

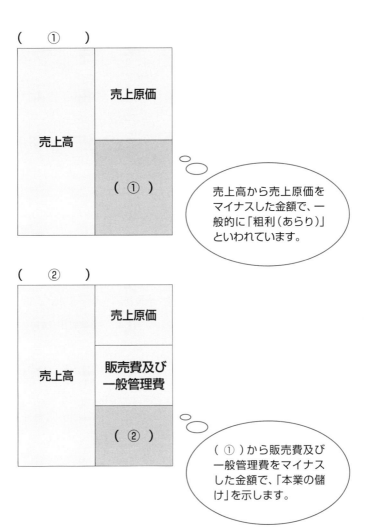

（　①　）

売上高	売上原価
	（　①　）

売上高から売上原価をマイナスした金額で、一般的に「粗利（あらり）」といわれています。

（　②　）

売上高	売上原価
	販売費及び一般管理費
	（　②　）

（　①　）から販売費及び一般管理費をマイナスした金額で、「本業の儲け」を示します。

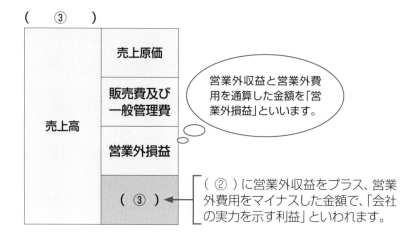

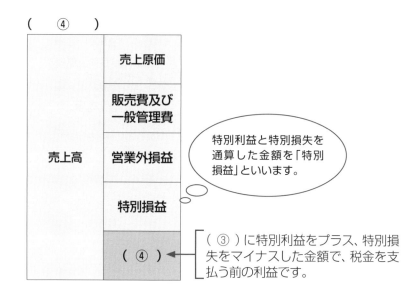

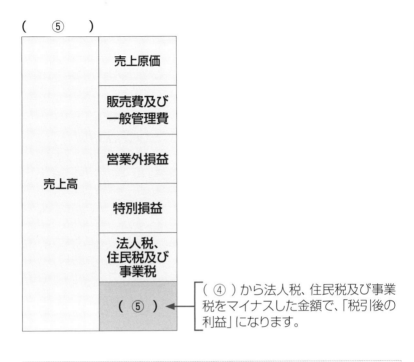

（　⑤　）

売上原価

販売費及び
一般管理費

営業外損益

特別損益

法人税、
住民税及び
事業税

（　⑤　）

売上高

（④）から法人税、住民税及び事業税をマイナスした金額で、「税引後の利益」になります。

［解答欄］

① （　　　　　） ② （　　　　　） ③ （　　　　　）

④ （　　　　　） ⑤ （　　　　　）

正解

① （ 売上総利益 ）　　② （ 営業利益 ）　　③ （ 経常利益 ）

④ （ 税引前当期純利益 ）　⑤ （ 当期純利益 ）

次の損益計算書（P/L）において下記①〜⑤の経営分析を行ってください。

	（単位：千円）
売上高	150,000
売上原価	105,000
売上総利益	45,000
販売費及び一般管理費	36,000
営業利益	9,000
営業外収益	
受取利息	300
営業外費用	
支払利息	3,000
経常利益	6,300

[解答欄]

① 売上原価率 ＝ $\dfrac{売上原価}{売上高}$ × 100 　　　（　　　%）

② 売上総利益率 ＝ $\dfrac{売上総利益}{売上高}$ × 100 　　　（　　　%）

③ 営業利益率 ＝ $\dfrac{営業利益}{売上高}$ × 100 　　　（　　　%）

④ 経常利益率 ＝ $\dfrac{経常利益}{売上高}$ × 100 　　　（　　　%）

⑤ 営業利益に占める正味支払金利の割合 ＝

$\dfrac{支払利息・割引料 － 受取利息・配当金}{営業利益}$ × 100 （　　　%）

正解

①売上原価率 $= \dfrac{105{,}000千円}{150{,}000千円} \times 100 = 70\%$

②売上総利益率 $= \dfrac{45{,}000千円}{150{,}000千円} \times 100 = 30\%$

③営業利益率 $= \dfrac{9{,}000千円}{150{,}000千円} \times 100 = 6\%$

④経常利益率 $= \dfrac{6{,}300千円}{150{,}000千円} \times 100 = 4.2\%$

⑤営業利益に占める正味支払金利の割合 $=$

$\dfrac{3{,}000千円 - 300千円}{9{,}000千円} \times 100 = 30\%$

「確認問題」を解いて、損益計算書（P/L）の理解度をチェックしましょう！

M E M O

3章 貸借対照表のキホン

　貸借対照表（B/S）は、会社の財産を示しています。会社にはプラスの財産である「現金預金」やマイナスの財産である「借入金」などがありますが、これらすべてが貸借対照表（B/S）に記載されます。

　そして、貸借対照表（B/S）を経営分析することにより、会社の安全性、健全性などを把握することができます。

　この章では、この貸借対照表（B/S）の見方・読み方、経営分析について、実際の計算例を使って解説していきます。

本章では、貸借対照表（B/S）の仕組みについて詳しく見ていきます。まずは、1年以内に現金化される資産を示す流動資産について解説します。

■ 会社の財産を表示している

本章では貸借対照表（B/S）について見ていきます。まず、貸借対照表とは、「会社の財産を表示しているもの」になります。会計用語では、「企業の**財政状態**を表示している」と表現しています。

簡単にいえば、会社に現金預金などのプラスの財産がいくらあり、また将来返済しなければならない借入金などのマイナスの財産（負債）がいくらあるか、ということが貸借対照表から読み取れるのです。

以下では、モデル会社の貸借対照表（B/S）を見ながら、解説していきます。なお、この会社は第2章のモデル会社と同一の会社とします。

■ 資産の部の内容

まず、貸借対照表（B/S）の借方（左側）にはプラスの財産である「資産」が入ります。

貸借対照表（B/S）では資産をいくつかに区分して表示しますが、最初に表示されるのが**流動資産**（⑦）になります。

流動資産とは、現金および預金と1年以内に現金化される資産をいいます。これを**1年基準**または**ワンイヤールール**といいます。

モデル会社の流動資産に受取手形があります。日本の手形は60日、90日、120日と期日がありますが、少なくとも1年以内には満期が来て現金化されます。

決算の概要（B/S）（図表1）

1. 貸借対照表

科目		×1・12	×2・12	科目		×1・12	×2・12
Ⅰ流動資産	㋐	[451]	[530]	Ⅰ流動負債	㋓	[304]	[461]
現金預金		200	210	支払手形		105	206
受取手形		67	53	買掛金		69	83
売掛金		90	95	未払金		49	21
商品		81	158	短期借入金		56	135
未収入金		18	20	賞与引当金		5	6
貸倒引当金		△5	△6	未払法人税等		20	10
				Ⅱ固定負債	㋔	[180]	[197]
Ⅱ固定資産	㋑	[120]	[229]	社債		50	47
1.有形固定資産	❶	(80)	(185)	長期借入金		130	150
建物		22	50				
備品		20	30				
車両		8	10				
土地		0	70	負債合計		484	658
建設仮勘定		30	25	Ⅰ　株主資本			
2.無形固定資産	❷	(25)	(33)	1.資本金	㋖	[50]	[50]
電話加入権		5	8				
ソフトウェア		20	25	2.利益剰余金	㋖	[37]	[61]
3.投資その他の資産	❸	(15)	(11)	利益準備金		2	3
投資有価証券		15	5	繰越利益剰余金		35	58
関係会社株式		0	6				
Ⅲ繰延資産	㋒	[0]	[10]				
開発費		0	10				
				純資産合計		87	111
資産合計		571	769	負債・純資産合計		571	769

負債

純資産

資産

売掛金・未収金（B/S 上は「未収入金」と記載）も通常 1 年以内に期日が来て現金化されます。また商品も販売すれば現金になります。

通常の営業過程にあるもの、具体的には、商品・製品・**仕掛品**^{しかかりひん}＊、売掛金・受取手形は、たとえ現金化まで 1 年以上かかっても流動資産に表示されます。これを**正業営業循環基準**といいます。

正業営業循環基準の対象になるのは、足の遅い（販売まで時間がかかる）商品・製品、具体的には高級家具、宝石などと、仕掛品ではお酒などがあります。例えば日本酒、ワイン、ウイスキーなどは熟成のため製品ができるまで 1 年以上かかることがありますが、仕掛品として流動資産に記載されます。

▓▓▓ 貸倒引当金とは

また、流動資産の項目の最後に**貸倒引当金**があります。貸倒引当金とは、受取手形や売掛金が回収不能になった場合（**貸し倒れ**という）に備えて計上する費用のことです。△（マイナス）の表示で記載され、回収不能の予想額を表しています。

モデル会社の貸借対照表に受取手形と売掛金がありますが、これらは売掛債権（または売上債権）といい、売ったけれどまだお金をもらっていない状態です。このような受取手形、売掛金は最悪、相手の会社が倒産して回収不能になるリスクがあるので、この金額を貸借対照表に織り込んでいます。モデル会社の当期の場合、「受取手形、売掛金のうち 6 百万円は貸し倒れで回収できないかもしれません」といっているわけです。

もし、貸借対照表にこの貸倒引当金が多額に設定されていたら、「うちの会社は不良債権がいっぱいあります」ということですので、そのような会社と取引をするときは一層の注意が必要です。

＊**仕掛品**　製造業で製造過程にあるもの。

3-2　固定資産（貸借対照表の内容②）

固定資産は会社で長期的に保有する資産のことであり、3つの種類があります。ここでは、それらの内容について解説します。

　流動資産の次に**固定資産**（65ページの図❶）があります。固定資産は、流動資産とは違って会社で長期的に保有する資産をいいます。

　固定資産は流動資産のように1年以内に現金化されるものではなく、会社に長期的に保有する資産になります。

　さらにこの固定資産は、❶有形固定資産、❷無形固定資産、❸投資その他の資産の3つに分類されます。

❶有形固定資産

　読んで字のごとく「形のある資産」のことです。モデル会社の貸借対照表にもあるように、建物、車両、備品、土地などが表示されます。建設仮勘定は、建設中の資産です。建物や構築物などの建設のために支払った手付金や前払金は建設仮勘定で表示されます。

❷無形固定資産

　「形のない資産」のことです。モデル会社の貸借対照表の電話加入権、ソフトウェア、また特許権・商標権・営業権（**のれん***）などが表示されます。

❸投資その他の資産

　投資有価証券など、投資に回っている資産や敷金などその他の資産が表示されます。関係会社株式には、子会社、関連会社の株式が入ります。

***のれん**　顧客への知名度や品質などの無形の価値。

繰延資産
（貸借対照表の内容③）

繰延資産は、本来費用として計上すべきところ、いったん資産として計上したあとに償却できる資産のことです。ここでは、計上から償却までの流れを見ていきます。

繰延資産とは

　貸借対照表の借方の一番下に**繰延資産**（65ページの図●）があります。繰延資産とは、本来費用として計上すべきところ、いったん資産として計上したあとに償却することが認められている資産のことです。モデル会社の貸借対照表に開発費がありますので、この開発費について例を使って説明していきます。

　モデル会社が、新興国市場に進出したとします。初年度に先行投資として10億円の諸費用（現地駐在員の給料、現地事務所の家賃、広告宣伝費など）を使いましたが、初年度に売上が5億円上がりました。この新興国の市場は有望で、最低でも今後5年間は毎年5億円の売上が期待できるとします。

　今期の損益計算書（P/L）を作成すると以下のようになります（便宜上、この取引のみに限定しています）。

モデル会社の損益計算書（P/L）（図表2）

損益計算書（P/L）

諸費用	10億円	売上高	5億円
当期純損失	△5億円		

　新興国への市場進出が成功したにもかかわらず、5億円の損失になっています。これはちょっとおかしいですよね。どこがおかしいかといいますと、先行投資の諸費用（現地駐在員の給料、現地事務所の家賃、広告宣伝費など）10億円の効果は、今後5年間の売上に貢献しているのに、その諸費用の全額を当期1年の費用として落としているからです。図で表すと図表3のようになります。

先行投資の諸費用を1年で負担した場合（図表3）

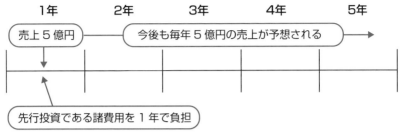

（現地駐在員の給料、現地事務所の家賃、広告宣伝費など）

　会社法では、このような新規の市場に進出する場合の先行投資は、「市場開拓のために特別に支出する費用」として開発費に計上し、5年償却（5年にわたって費用化できる）を認めています（71ページ「鉄則　会社法上の繰延資産の内容をおさえておこう！」参照）。

開発費に計上し5年償却した場合（図表4）

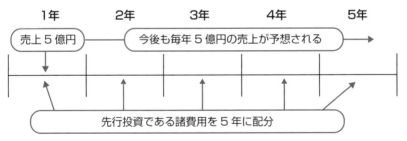

（現地駐在員の給料、現地事務所の家賃、広告宣伝費など）

　そこで、先行投資の諸費用の10億円が今後5年間の売上に貢献するのであれば、5年で案分し、毎年2億円ずつ費用にしたらどうでしょうか（この場合、開発費償却として損益計算書に計上されます）。次ページの図表5の場合、損益計算書には当期純利益が3億円と計上され、先ほどの例のように市場開拓が成功したのに赤字になるようなことはありません。これを**費用・収益対応の原則**といいます。

モデル会社の貸借対照表と損益計算書（図表5）

P/L

売上高 5億円

開発費償却　2億円
当期純利益　3億円

毎年2億円ずつ計上すれば赤字にならない！

B/S

（繰延資産）
開発費　　　8億円

B/Sには開発費として計上

損金として落とせる

　しかし、今度は償却されなかった開発費8億円が貸借対照表に計上されました（毎年2億円ずつ償却されて5年後にはなくなります）。この開発費8億円に本当に資産価値があるでしょうか？

　開発費の内容は、現地駐在員の給料、現地事務所の家賃、広告宣伝費など支払いをした経費なので、資産価値としては疑問があります。なぜなら、何かの都合でわずか数年でこの市場から撤退するような事態になったら、資産価値はまったくなくなるからです。

　法人税法では、この開発費のような繰延資産は全額、費用（法人税法では**損金**という）に落とすことができます。会社が儲かっていれば、節税のために費用（損金）に落とすはずですから、逆にいえば、開発費を落とせなかったというのが実状です。

　モデル会社の損益計算書を見ると（25ページ参照）、今期の経常利益はわずかに20百万円で、前期に比べて半額以下に落ち込んでいます。さらに開発費の10百万円を費用（損金）に落とせば経常利益はますます落ち込んでしまうので、費用に落としたくても落とせなかったというのが実情ではないでしょうか。

　会社の決算書に開発費などの繰延資産が計上されていたら、繰延資産は会社法上認められているので**粉飾決算**＊とはいいませんが、それは「甘い決算」といえるでしょう。もし、繰延資産を費用に落としたら経常利益がどうなるか、必ずチェックしてください。

＊**粉飾決算**　不正な処理を行って、決算書の内容を操作し、企業の財務状況や経営状態を良く見せること。

　ここまで資産の内容を説明してきましたが、貸借対照表の資産の部の一番最初にあるのは**現金預金**（**現預金**ともいう）です。そして、一番最後が繰延資産です。すなわち、貸借対照表の「資産の部」は上に行くほど現金預金に近くなります。

　貸借対照表を読む際、確認していただきたいのは、資産の部の上のほうの金額が多いかどうかです。そのような会社は財務内容の良い会社です。逆に下のほうの金額の多い会社は財務内容が厳しい会社といえます（72ページ「鉄則　貸借対照表（B/S）資産を見るポイント①」参照）。

会社法上の繰延資産の内容をおさえておこう！

　会社法では、創立時の設立登記費用などを創立費として繰延資産とするなど、下図の費用を繰延資産として列挙しています。その償却期間については、会社法では下図の期間で費用化していきますが、法人税法ではいつでもいくらでも償却（費用化）してよいという自由償却なので、その年で全額費用とすることもできますし、何年かで費用化してもかまいません。ただし、最長は会社法の償却期間になります。

区分	内容	会社法の償却期間
創立費	創立時の設立登記費用、発起人報酬などで、その法人の負担に帰すべきもの	➡ 5年
開業費	設立後実際に開業するまでの間に、その開業準備のために特別に支出する費用	➡ 5年
開発費	新たな技術、新たな経営組織の採用、資源開発、市場開拓のために特別に支出する費用	➡ 5年
株式交付費	株券などの印刷費、資本金の増加の登記についての登録免許税、その他自己の株式（出資を含む）の交付のために支出する費用	➡ 3年
社債等発行費	社債券などの印刷費、その他債券（新株予約権を含む）の発行のために支出する費用	➡ 社債の償却期間内

鉄則 貸借対照表（B/S）資産を見るポイント①

上に行くほど「現金預金」に近付く

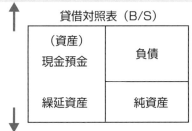

貸借対照表（B/S）

| （資産）現金預金 | 負債 |
| 繰延資産 | 純資産 |

下に行くほど「現金預金」から遠ざかる

●財務内容が良い会社

貸借対照表（B/S）

| 流動資産 | 負債 |
| 固定資産 | 純資産 |

上のほうの比率が大きい

●財務内容が悪い会社

貸借対照表（B/S）

流動資産	負債
固定資産	純資産
繰延資産	

下のほうの比率が大きい

財務内容が良い会社の例：資産では上のほうの比率が大きい（図表6）

●ユニクロの貸借対照表

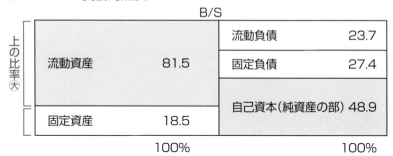

B/S

上の比率（大） 流動資産	81.5	流動負債	23.7
		固定負債	27.4
固定資産	18.5	自己資本（純資産の部）48.9	
	100%		100%

（2020年3月期連結貸借対照表より）

※貸借対照表（B/S）の左側（借方）、右側（貸方）をそれぞれ100%として計算しています。

財務内容が悪い会社の例：資産では下のほうの比率が大きい（図表7）

●マイカルの貸借対照表

B/S

流動資産	24	流動負債	42
下の比率（大） 固定資産	76	固定負債	51
		自己資本（資本の部）	7
	100%		100%

（倒産直前の決算書より）

3-4 流動負債と固定負債
（貸借対照表の内容④）

流動負債は1年以内に支払う債務、固定負債は1年を超えてから支払う債務を指します。ここでは、これらの内容について解説します。

流動負債とは

貸借対照表（B/S）の貸方（右側）にはマイナスの財産である負債が入ります。貸借対照表（B/S）では負債を2つに区分して表示しますが、最初に表示されるのが**流動負債**（65ページの図**エ**）になります。

流動負債とは1年以内に支払う債務のことです。流動資産の項目でも述べたとおり、これを1年基準またはワンイヤールールといいます。

モデル会社の流動負債に支払手形があります。日本の手形は60日、90日、120日と期日がありますが、少なくとも1年以内には満期が来て支払いが行われます。また、買掛金・未払金・預り金も通常1年以内に期日が来て支払いが行われます。銀行など金融機関からお金を借りたときは、簿記の検定試験では借入金で処理しますが、貸借対照表では**短期借入金**と**長期借入金**に区分して表示します。決算から1年以内に返済する金額が短期借入金に表示されます。

流動負債の最後に**未払法人税等**がありますが、損益計算書で解説した「法人税、住民税及び事業税」は原則、決算から2ヵ月で納税する必要があります。

このように、決算から1年以内に支払われる債務（負債）は流動負債に表示されます。

固定負債とは

流動負債の次に**固定負債**（65ページの図**オ**）があります。固定負債は、流動負債とは違い、会社が決算から1年を超えて支払う債務（負債）をいいます。

モデル会社の固定負債には、社債と長期借入金があります。社債の償還は1年を超え、長期借入金は銀行など金融機関の借入金のことで、決算から1年を超えて返済する金額が表示されます。

鉄則 「資産」と「負債」のキホン

【資産】

●流動資産

会社で短期的に保有する資産をいいます。主に以下の2つに分けられます。

❶1年基準（ワンイヤールール）：決算から1年以内に現金化するもの

❷正常営業循環基準：現金化までに1年以上かかっても流動資産に表示されるもの。例えば、通常の営業過程にあるもので、商品・製品・仕掛品、売掛金・受取手形など

●固定資産

会社で長期的に保有する資産をいいます。以下の3つに分けられます。

❶有形固定資産：形のあるもの。建物、備品、車両、土地など

❷無形固定資産：形のないもの。ソフトウェア、特許権、営業権（のれん）など

❸投資その他の資産：投資有価証券、関係会社株式、敷金など

●繰延資産

会社法で認められている「費用の繰り延べ」をいいます。資産価値はありません。

【負債】

●流動負債

会社が1年以内に支払う債務をいいます。流動資産と同じく、1年基準（ワンイヤールール）があります。例えば、支払手形、買掛金、短期借入金などです。

●固定負債

決算から1年を超えて支払う債務をいいます。社債、長期借入金などがあります。

▶ 動画対応ページ▶ Chapter5

純資産は、株主からの出資金と本業で得た利益の蓄積を表し、自己資本ともいわれます。ここでは、純資産の内容と自己資本比率の計算方法について見ていきます。

純資産とは

貸借対照表（B/S）の借方（左側）には資産、貸方（右側）には負債と純資産が入ります。負債のことを別名・**他人資本**、純資産のことを別名・**自己資本**といいます。

そして、自己資本と他人資本を足したものを**総資本**といいます。貸借対照表（B/S）の左側（借方）の合計は総資産になり、右側（貸方）の合計は総資本になります。

第1章で述べたように貸借対照表（B/S）は英語でバランスシートといい、左側（借方）と右側（貸方）の金額は一致しますので、「総資産」＝「総資本」の関係になります。

わかりやすい例として、ある人が資本金1,000万円を出資して株式会社を作ると、この資本金は自己資本になります。会社が銀行などの金融機関から借り入れると、この借入金は他人資本になります。

借入金は利息が付くので月々の返済も必要ですが、資本金には利息は付かず、また返済も不要ですので、会社はこの自己資本が多いほうが安全で、また財務内容も良いといえます。

この、返済の必要のない自己資本がどのくらいあるかを見るための指標が、**自己資本比率**になります。自己資本比率の計算式は次ページの図表8のとおりです。

「他人資本」「自己資本」と、自己資本比率の計算式（図表8）

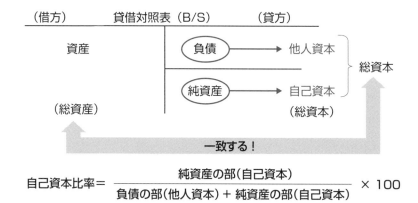

$$自己資本比率 = \frac{純資産の部（自己資本）}{負債の部（他人資本）+ 純資産の部（自己資本）} \times 100$$

まずは、簡単な事例で解説します。A社は、「資産100億円、負債70億円、純資産30億円」ですので、自己資本比率は下記のとおり30％と計算されます。

A社の貸借対照表（B/S）（図表9）

$$自己資本比率 = \frac{純資産 30 億円}{負債 70 億円 + 純資産 30 億円} \times 100 = 30\%$$

第3章　貸借対照表のキホン

B社は、「資産50億円、負債10億円、純資産40億円」ですので、自己資本比率は下記のとおり80%と計算されます。

B社の貸借対照表（B/S）（図表10）

（借方）	貸借対照表（B/S）	（貸方）
資産 50億円		負債　10億円
		純資産　40億円
（50億円）		（50億円）

$$自己資本比率 = \frac{純資産 40億円}{負債 10億円 + 純資産 40億円} \times 100 = 80\%$$

上記の例では、A社の自己資本比率は30%、B社の自己資本比率は80%ですので、自己資本比率の高いB社のほうが財務内容は良い状態といえます。

では、モデル会社の自己資本比率を計算してみましょう。

▶ 計算式

$$自己資本比率 = \frac{純資産の部（自己資本）}{負債の部（他人資本） + 純資産の部（自己資本）} \times 100$$

前期	当期
$\frac{(\quad)}{(\quad+\quad)} \times 100$ = 　　%	$\frac{(\quad)}{(\quad+\quad)} \times 100$ = 　　%

▶ 正解

前期	当期
$\dfrac{(\ 87\ )}{(484+87)} \times 100$ $=\quad 15.2\%$	$\dfrac{(\ 111\ )}{(658+111)} \times 100$ $=\quad 14.4\%$

第3章　貸借対照表のキホン

　　自己資本比率は高いほうが会社の財務内容は良くなります。目安として、自己資本比率の合格点は30％以上といわれています。また、自己資本比率が40％以上になると会社は財務的に非常に安定し、50％以上になるとまず倒産しないといわれています。

　　逆に好ましくないのが、自己資本比率が10％未満に低下しているケースです。少し前の話になりますが、景気の悪いときにマイカル、そごう、福助などの会社が倒産（会社更生法や民事再生法を適用）しましたが、いずれの会社も最後は自己資本比率が3〜5％に低下していました。

　　上場企業といえども「自己資本比率」が10％を下回り1桁になると、会社は危険な状態に陥ります。

鉄則 自己資本比率の目安

自己資本比率の目安は以下のとおりです。

超優良	50％以上	中の上	20％〜30％未満
優良	40％〜50％未満	並	10％〜20％未満
良	30％〜40％未満	危険	10％未満

30％以上で合格です。さらに40％以上、50％以上を目指しましょう。

純資産の内容と純資産を大きくする方法

純資産を大きくする方法としては、株主の払込金を増やすこと、内部留保を増やすことの2つがあります。ここでは、これらについて詳しく見ていきます。

純資産の内容

純資産（自己資本）を大きくし、自己資本比率を高めるにはどのような方法があるのでしょうか？

その方法を考えるためには、純資産（自己資本）の内容を理解する必要があります。まず、会社の純資産（自己資本）は性格の違う次の2つで構成されています。

①株主の払込金

1つは、株主の払込金です。モデル会社の貸借対照表を見ると、純資産の部に**資本金**（65ページの図**カ**）がありますが、この会社の資本金は50百万円（5,000万円）です。これは会社の株主が払い込んだ金額になります。

株式会社では、いったん資本金を入れてもらうと会社清算まで払い戻しをしません。現在の会社は清算を前提として経営していないので、実質、資本金は会社では返済不要の資金になります。

②過去の利益の蓄積（内部留保）

もう1つは、過去の利益の蓄積（**内部留保**）です。モデル会社の貸借対照表を見ると、純資産の部に**利益剰余金**（65ページの図**キ**）がありますが、この利益剰余金は過去の利益の蓄積（内部留保）になります。モデル会社の当期の利益剰余金は58百万円（5,800万円）ですが、この金額が会社設立からいままでに出した利益の合計金額になります。

　さらにこの利益剰余金は、会社が税金を払い、株主に配当したあとの利益なので、この利益剰余金も返済不要の資金になります（正確にいいますと、次の株主総会での配当金は支払われていません）。

　この利益剰余金を別名・内部留保といいます。会社の貸借対照表を見て「内部留保が大きい」とか「内部留保が厚い」という場合は、過去に多くの利益を出し、利益剰余金が大きい会社であることを示します。逆に「内部留保が小さい」とか「内部留保が薄い」という場合は、過去にあまり利益を出しておらず、利益剰余金の少ない会社であることを示します。

　以上より、会社の純資産（自己資本）を大きくするには次の2つの方法があります。

- ●株主の払込金を増やす　　→　増資をする
- ●利益剰余金（内部留保）を増やす　→　利益を出す

資産より負債が大きくなると債務超過に

　ちなみに、上記の逆を行うと会社の純資産（自己資本）は減少します。日本ではあまり行いませんが、こうした行為を**払い戻し減資**といい、純資産（自己資本）は減少します。

　また、会社が赤字（純損失）を出すと純資産（自己資本）は減少します。純資産50億円の会社は50億円の赤字（純損失）まで耐えられます。もし、純資産50億円の会社が50億円の赤字（純損失）を出すと、純資産は0円になります。

　純資産1,000万円の会社は1,000万円の赤字（純損失）までしか耐えられません。もし、純資産1,000万円の会社が2,000万円の赤字（純損失）を出すと、純資産は△1,000万円になります。この会社は、資産の額より負債の額が大きくなり、この状態を**債務超過**といいます。

鉄則 純資産（自己資本）の内容の ポイント

●純資産の分類

会社の純資産（自己資本）は次の２つに分類できます。

①株主の払込金

「資本金」と表示される。株主が出資した金額、会社を清算しない限り返済不要の資金のことをいう

②過去の利益の蓄積（内部留保）

「利益剰余金」と表示される。会社設立からいままでに出した利益の合計金額のことをいう。また、会社が税金を払い、株主に配当したあとの利益であり、返済不要の資金をいう

●財務内容の良い会社の基準

純資産（自己資本）の内容は、上記のように「返済不要の資金」ですので、このような「返済不要の資金」が大きくなると自己資本比率が高くなり、財務内容の良い会社になります。

●純資産（自己資本）を大きくする方法

純資産（自己資本）を大きくする方法には次の２つがあります。

- 株主の払込金を増やす　　　　　→　増資をする
- 過去の利益の蓄積（内部留保）を増やす　→　利益を出す

3-7 財務内容の良い会社と悪い会社

財務内容の良い会社は自己資本比率が高く、財務内容の悪い会社は自己資本比率が低くなります。ここでは、貸借対照表上での判断方法を解説します。

財務内容の良い会社

3-6節で述べたとおり、財務内容が良い会社は自己資本比率が高くなります。こうした企業の貸借対照表には、資産の部の上のほうの比率が大きく、自己資本が大きいといった特徴が現れます。例えば、以下の企業の貸借対照表のようになります。

ファンケルの貸借対照表：自己資本比率71.0%（図表11）

（2020年3月期　連結貸借対照表より）

＊100%　貸借対照表（B/S）の左側（借方）、右側（貸方）をそれぞれ100%として計算。

ユニクロの貸借対照表：自己資本比率48.9％（図表12）

B/S

上のほうが大きい！

流動資産	81.5	流動負債	23.7
		固定負債	27.4
		自己資本（純資産の部） 48.9	
固定資産	18.5		

自己資本が大きい！

100%　　　　100%

（2020年3月期　連結貸借対照表より）

財務内容の悪い会社

　一方で、上場会社でも「自己資本比率」10％を下回ると危険な状態になります。貸借対照表には、資産の部の下のほうの比率が大きく、自己資本が小さいといった特徴が現れます。例えば、以下の企業の貸借対照表のようになります。

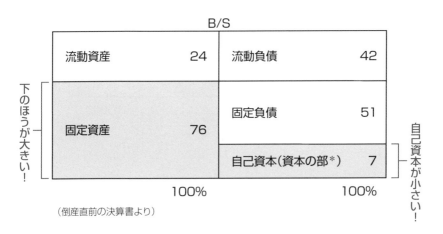

マイカルの貸借対照表：自己資本比率7％（図表13）

B/S

下のほうが大きい！

流動資産	24	流動負債	42
固定資産	76	固定負債	51
		自己資本（資本の部＊） 7	

自己資本が小さい！

100%　　　　100%

（倒産直前の決算書より）

＊**資本の部**　新しい会計基準の制定や会社法の制定に伴い、現在は「資本の部」を「純資産の部」と表記するようになったが、ここではマイカルの倒産当時の決算書の表記方法に合わせて「資本の部」と表記している。

そごうの貸借対照表：自己資本比率5%（図表14）

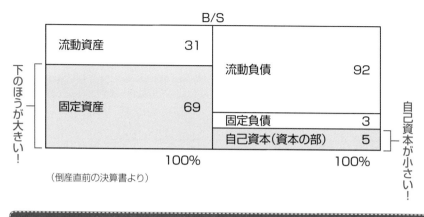

B/S

流動資産　31	流動負債　92
固定資産　69	固定負債　3
	自己資本（資本の部）　5

下のほうが大きい！

自己資本が小さい！

100%　　　　100%

（倒産直前の決算書より）

福助の貸借対照表：自己資本比率3%（図表15）

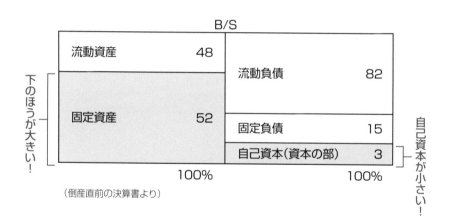

B/S

流動資産　48	流動負債　82
固定資産　52	固定負債　15
	自己資本（資本の部）　3

下のほうが大きい！

自己資本が小さい！

100%　　　　100%

（倒産直前の決算書より）

第3章　貸借対照表のキホン

債務超過になった会社

　最後に、「債務超過」のケースを見てみましょう。債務超過になると、資産より負債が大きくなり、「純資産の部（図表13〜15は商法のときの決算書なので「資本の部」）」がマイナスになります。

大木建設の貸借対照表：債務超過（図表16）

B/S

流動資産	53	流動負債	99	資産より負債が大きい！
固定資産	47	固定負債	12	
		自己資本（純資産の部） △11		純資産の部がマイナスに！
100%		100%		

貸借対照表（B/S）を図形化するだけで、「財務内容の良い会社」「財務内容の悪い会社」が見分けられます。

第3章●確認問題

問題1 貸借対照表 (B/S) の各項目について、下記ア～コのうち、適切なものを選んで解答欄の ( ) に記入してください。

貸借対照表 (B/S)

Ⅰ (①)	Ⅰ (⑦)
Ⅱ (②)	Ⅱ (⑧)
1 (③)	負債合計
2 (④)	Ⅰ 株主資本
3 (⑤)	1 (⑨)
Ⅲ (⑥)	2 (⑩)
	純資産合計
資産合計	負債・純資産合計

ア.無形固定資産　イ.固定資産　ウ.流動負債　エ.繰延資産
オ.投資その他の資産　カ.利益剰余金　キ.有形固定資産
ク.固定負債　ケ.資本金　コ.流動資産

[解答欄]
①( )　②( )　③( )　④( )　⑤( )
⑥( )　⑦( )　⑧( )　⑨( )　⑩( )

正解

①(コ)　②(イ)　③(キ)　④(ア)　⑤(オ)
⑥(エ)　⑦(ウ)　⑧(ク)　⑨(ケ)　⑩(カ)

問題2 次の2つの会社の貸借対照表 (B/S) から「自己資本比率」を計算します。
解答欄の( )内を埋めてください。

●A社

(借方)	貸借対照表 (B/S)	(貸方)
資産	負債　7億円	
10億円	純資産 3億円	
(10億円)	(10億円)	

[解答欄]
自己資本比率

$$\frac{純資産（\quad 億円）}{負債（\quad 億円）＋ 純資産（\quad 億円）} \times 100 =（\quad ％）$$

●B社

(借方)	貸借対照表 (B/S)	(貸方)
資産	負債　1億円	
5億円	純資産 4億円	
(5億円)	(5億円)	

[解答欄]
自己資本比率

$$\frac{純資産（\quad 億円）}{負債（\quad 億円）＋ 純資産（\quad 億円）} \times 100 =（\quad ％）$$

正解

● A社の自己資本比率

$$\frac{純資産（3億円）}{負債（7億円）＋純資産（3億円）} \times 100 = 30\%$$

● B社の自己資本比率

$$\frac{純資産（4億円）}{負債（1億円）＋純資産（4億円）} \times 100 = 80\%$$

問題3 次の文章の（ ）に当てはまる言葉を下記ア〜カから選んで記入してください。

自己資本比率は（ ① ）ほうが（ ② ）は良く、よって（ ③ ）のほうが（ ② ）が良いといえます。

ア.経営成績　イ.低い　ウ.財務内容　エ.A社　オ.高い　カ.B社

[解答欄]
① (　　　)　② (　　　)　③ (　　　)

正解

①（オ）②（ウ）③（カ）

M E M O

4章 キャッシュフロー計算書のキホン

　キャッシュフロー計算書（C/S）は、1年間の会社の
お金の流れを示しています。会社が1年間にどのように
お金を稼ぎ、またどのように使ったか、最終的に会社に
お金がいくら残ったかがキャッシュフロー計算書（C/
S）から読み取れます。

　この章では、このキャッシュフロー計算書（C/S）の
見方・読み方、代表的なパターンなどを、モデルケース
を使って解説していきます。

▶ 動画対応ページ ▶ Chapter6

キャッシュフロー計算書は、会社の1年間のお金の流れを計算する書類であり、現預金の増加額を把握するのに役立ちます。ここでは、その内容と役割を紹介します。

キャッシュフロー計算書の内容

キャッシュフロー計算書は、**国際会計基準***への対応の1つとして2000年3月期から上場会社にその作成が義務付けられました。94ページにあるような形式で作成されます。

キャッシュフロー計算書は、「会社の1年間のお金の流れを計算する」書類といえます。すなわち、このキャッシュフロー計算書を見ると、会社が1年間にどのようにお金を稼ぎ、またお金を使ったか、銀行から借入金としていくら資金を調達したか、銀行にいくら借入金を返済したか、そして決算期末に現金預金がいくらあるかなどがわかります。

従来の決算書である貸借対照表や損益計算書では、会社のお金の動きを把握することは困難でした。また、損益計算書でいくら利益が計上されていても、それだけの現預金が残っているかどうかまではわからない、といった問題点もあります。

簡単な例を使って説明していきましょう。例えばある会社で、500万円で仕入れた商品を1,000万円で販売したとします。この取引だけで損益計算書を作成すると次ページの図表1のようになります。

***国際会計基準**　国際会計基準審議会（IASB）によって設定された世界共通の会計基準のこと。IFRSと略される。

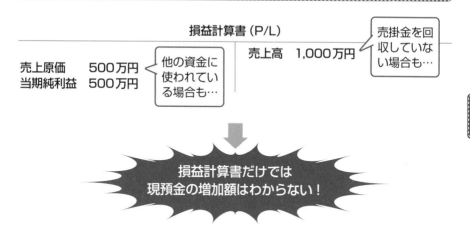

500万円で仕入れて1,000万円で販売する場合の損益計算書（図表1）

損益計算書（P/L）

売上高　1,000万円

> 売掛金を回
> 収していな
> い場合も…

売上原価　500万円
当期純利益　500万円

> 他の資金に
> 使われてい
> る場合も…

損益計算書だけでは
現預金の増加額はわからない！

第4章　キャッシュフロー計算書のキホン

　損益計算書を見ると、当期純利益が500万円計上されています。しかし極端な話、この会社の社長が儲かったからといって高級車を500万円で購入すると、この期に稼いだ現金預金はすべて消えます。また、売上の1,000万円を掛売りで販売していた場合、売掛金という資産は増加しますが、現金預金は売掛金を回収するまで入ってきません。

　決算後2ヵ月または3ヵ月以内に法人税の申告を行い、税金を約150万円（当期利益500円×税率約30％）支払わなければなりませんが、高級車を購入した場合や売掛金を回収していない場合、納税資金が不足するケースが考えられます。

　このように、当期純利益と現金預金の増加額はまったく別のものになります。すなわち、損益計算書を見ただけでは現金預金がいくら増加したかはわからず、キャッシュフロー計算書を見て初めてお金の流れがつかめるのです。

会社名　株式会社　○○

自　20×0年4月1日　至　20×1年3月31日

（単位：百万円）

科目	金額
Ⅰ　営業活動によるキャッシュフロー	
税引前当期利益	6,338
受取手形の減少額	1,150
売掛金の増加額	△4,147
棚卸資産の増加額	△1,851
支払手形の増加額	500
買掛金の増加額	701
退職給付に係る負債の増加額	2,500
減価償却費	4,086
貸倒引当金の増加額	50
未払費用の減少額	△2,798
前払費用の減少額	156
投資有価証券売却益	△750
小　　　計	5,935
法人税等の支払額	△1,230
消費税の支払額	581
営業活動によるキャッシュフロー	5,286
Ⅱ　投資活動によるキャッシュフロー	
（1）　投資有価証券の取得による支出	△2,500
（2）　投資有価証券の売却による収入	3,750
（3）　固定資産の取得による支出	△3,500
（4）　固定資産の売却による収入	―
（5）　その他の支出	△1,390
（6）　その他の収入	180
投資活動によるキャッシュフロー	△3460
Ⅲ　財務活動によるキャッシュフロー	
（1）　短期借入れによる収入	5,000
（2）　短期借入金の返済による支出	△6,500
（3）　長期借入れによる収入	4,000
（4）　長期借入金の返済による支出	△4,200
（5）　社債の発行による収入	―
（6）　株式の発行による収入	―

(7)	配当金の支払額	△1,500
(8)	その他の収入	―
(9)	その他の支出	―
	財務活動によるキャッシュフロー	△3,200
Ⅳ	現金及び現金同等物に係る換算差額	―
Ⅴ	現金及び現金同等物の増加額	△1,374
Ⅵ	現金及び現金同等物の期首残高	16,972
Ⅶ	現金及び現金同等物の期末残高	15,598

キャッシュフロー計算書は、「会社の1年間のお金の流れ」を表す書類で、損益計算書だけではわからない現預金の増加額を知ることができます。

キャッシュフロー経営とは、毎期に現預金の残高を大きくしていく経営のことであり、近年重視されています。ここでは、その内容と重視される理由を解説します。

■ キャッシュフロー経営の内容

　最近、**キャッシュフロー経営**や「キャッシュフロー重視の経営」という言葉をよく耳にします。このキャッシュフロー経営は、まさにキャッシュフロー計算書による現金預金の流れを重視し、毎期に現金預金の残高を大きくしていく経営のことをいいます。

　前節で簡単な例を使って当期純利益と現金預金の増加額が一致しないことを述べましたが、会社経営ではほかに当期純利益と現金預金の増加額が一致しない原因として、稼いだ利益が売掛金として残り回収されていなかったり、商品の在庫に変わったりしているケース、資金が建物・機械・備品や車両などの固定資産の購入や借入金の返済に充てられているケースなどがあります。

　バブル経済以前であれば、損益計算書で当期純利益がある程度計上されていれば、銀行などの金融機関が融資をしてくれました。しかし現在では、担保としての土地の価値が下がっていることもあり、利益が出ているとしても金融機関は簡単には融資に応じてくれなくなりました。そのため、会社では当期純利益を計上すると同時に、現金預金の残高を増やしていくことも非常に重要になっています。

　キャッシュフローを重視しないと、例えば販売した売掛金が得意先の倒産により回収不能になったりすると危険です。2015年に経営破綻したスカイマークでは配当率が約10％でしたので、売掛金の90％程度は回収不能になりました。

　また、利益以上に設備投資を行い借入金の返済が不能になるなど、利益が出ているのに資金繰りに行き詰まるという事態も起こります。これを**黒字倒産**といいます。

　キャッシュフロー計算書は、現在、上場企業にだけその作成が義務付けられていますが、ここで述べた理由から、非上場企業においても作成することが望ましいと考えられます。

甘い決算、辛い決算

　「キャッシュフロー計算書」や「キャッシュフロー経営」が重視されているもう1つの理由は、損益計算書の作成上のルール（**発生主義***という）により、会計処理方法によっては利益を多く計上すること（**甘い決算**という）や、逆に利益を少なくすること（**辛い決算**という）が可能なためです。

　例えば、繰延資産を計上するかしないか、減価償却の方法を**定額法***にするか**定率法***するかによって当期純利益は変動します。これらは合法的な方法ですが、仮に粉飾決算を行っている場合には、公認会計士などのプロでないとなかなか見破るのは難しいといわれています。

　その点、キャッシュフロー計算書はキャッシュ（現金預金）の1年間の増減が表示されるので、ごまかしようがありません。プロでないとなかなか見破るのは難しいといわれている粉飾決算も、キャッシュフロー計算書の「営業活動によるキャッシュフロー」がマイナスになっていきますので、そこから見つけることができます。粉飾決算の見分け方などは145ページ以降で解説します。

＊**発生主義**　現預金の支出・支払いの有無に関係なく、取引が発生した時点で費用と収益を計上するというルールのこと。
＊**定額法**　毎年、定額の金額を減価償却処理する方法のこと。
＊**定率法**　残存価格が毎年一定の割合で減少するように減価償却処理する方法のこと。

4-3 キャッシュフロー計算書の3つの区分

キャッシュフロー計算書には営業活動・投資活動・財務活動の3つのキャッシュフローが記載されています。ここでは、これらの内容と違いについて解説します。

キャッシュフロー計算書の区分

キャッシュフロー計算書は、会社がどのようにキャッシュを獲得したか、またどのようにキャッシュの支払いをしたかが明らかになるよう、次の3つに区分されています（94ページのキャッシュフロー計算書を参照）。

> I 営業活動によるキャッシュフロー
> II 投資活動によるキャッシュフロー
> III 財務活動によるキャッシュフロー

営業活動によるキャッシュフローとは

営業活動によるキャッシュフローは、商品や製品などの売上や仕入れ、人件費や販売管理費などの支払い、利息の受け取りや支払いといった営業活動により、キャッシュがいくら増減したかを表しています。なお、4-7節で詳しく説明しますが、営業活動によるキャッシュフローには「直接法」と「間接法」の2つの表示方法があります。ここでは説明がしやすい直接法を使用しています。

営業活動によるキャッシュフローには、以下のようなものが表示されています。

> ・営業収入、すなわち売上による資金収入
> ・原材料や商品の仕入れによる資金支出
> ・人件費やその他の販売費及び一般管理費の資金支出
> ・利息や配当金の受取額
> ・利息の支払額
> ・法人税等の税金の支払額

　営業活動によるキャッシュフローの欄の小計の下には、利息および配当金の受取額、利息の支払額、および法人税等の税金の支払額などが記入されます。

　最後の、営業活動によるキャッシュフローの金額5,286百万円が、損益計算書の当期純利益に近い金額をキャッシュフローで表した金額になります。

　ただし、固定資産の売却益や売却損、（投資）有価証券の売却益や売却損は、キャッシュフロー計算書では投資活動によるキャッシュフローの欄に記載され、損益計算書（P/L）の当期純利益とは必ずしも範囲が一致しないのでご注意ください。

　営業活動によるキャッシュフローの金額と損益計算書の当期純利益の金額を比較することで、会社の財務状況をより深く理解することができます。例えば、以下のケースはどうでしょうか？

「営業活動によるキャッシュフロー」の金額　＞　損益計算書の「当期純利益」

　このケースは、損益計算書に計上された当期純利益よりもキャッシュフロー（資金繰り）が良いことを表しています。通常、営業活動によるキャッシュフローから設備投資を行い、借入金の元本を返済していくので、当期純利益より営業活動によるキャッシュフローのほうが多いことが望ましいといえます（固定資産売却益や売却損、投資有価証券・有価証券の売却益や売却損がある場合は、除いて計算してください）。

　逆の場合も見ていきましょう。

　このケースでは、当期純利益だけキャッシュ（現金預金）が残っていないことになります。また、税金は当期純利益に対して課税され、見かけ以上に税負担が重くなるので、このような会社は資金繰りが苦しくなることがあります（固定資産売却益や売却損、投資有価証券・有価証券の売却益や売却損がある場合は、除いて計算してください）。

「営業活動によるキャッシュフロー」は黒字が不可欠

　営業活動によるキャッシュフローとは、前項で解説したように、文字どおり売上による収入、仕入れや人件費等の販売費及び一般管理費の支払い、そして利息や配当金の受け取り、金利や法人税等の支払いなど、広い意味の「営業活動」から得られるキャッシュフローです。意味としては、前述のように損益計算書（P/L）の「当期純利益（税引き後利益）」に近い概念といえます。

　この営業活動によるキャッシュフローがマイナスだと、会社は所有資産を売却して資金を得たり、銀行などの金融機関から資金を調達しない限り、資金繰りに行き詰まります。さらに、これらの方法で一時的に資金を調達できたとしても、毎年この営業活動によるキャッシュフローがマイナスだと、いずれは倒産します。

　したがって、営業活動によるキャッシュフローは、例えば「リストラにより多額の早期優遇退職金を支払ったため一時的にマイナスになった」といった理由がある場合を除き、必ずプラス（黒字）でなければなりません。

　そして、営業活動によるキャッシュフローが大きい会社ほど、キャッシュフロー的には良い会社といえます。

　また、営業活動によるキャッシュフローが大きければ、土地、建物、機械などの設備投資やM&A（企業買収、合併）などの投資活動によるキャッシュフローに、多額の資金を使用することができます。

「投資活動によるキャッシュフロー」とは

　投資活動によるキャッシュフローは、土地や建物、機械などの固定資産の取得や売却、子会社や関連会社などの投資有価証券および有価証券の取得や売却と

いった投資活動により、キャッシュがいくら増減したかを表しています。

　投資活動によるキャッシュフローには、以下のような項目が表示されています。

・投資有価証券（有価証券）の取得による支出
・投資有価証券（有価証券）の売却による収入
・固定資産の取得による支出
・固定資産の売却による収入
・貸付金の支出や回収など、その他投資活動の支出および収入

　後述しますが、会社は固定資産などに投資していきますので、投資活動によるキャッシュフローは通常マイナスになります。

「財務活動によるキャッシュフロー」とは

　財務活動によるキャッシュフローとは、短期借入金や長期借入金による資金調達、借入金の返済、社債の発行や償還、増資による新株の発行、配当金の支払いなどの財務活動により、キャッシュがいくら増減したかを表しています。

　財務活動によるキャッシュフローには、以下のような項目が表示されています。

・短期借入れによる収入
・短期借入金の返済による支出
・長期借入れによる収入
・長期借入金の返済による支出
・社債の発行による収入
・社債の償還による支出
・株式の発行による収入
・自己株式の取得や売却
・配当金の支払額
・その他財務活動の支出および収入

「現金及び現金同等物」とは

キャッシュフロー計算書は、**現金及び現金同等物の期末残高**で終わっています。

現金には、**手許現金**と**要求払預金**が含まれます。要求払預金とは、顧客が事前の通知なし、または数日の事前通知により元本を引き出せる、期限の定めのない預金をいいます。例えば、普通預金、当座預金、通知預金があります。

また、現金同等物とは、容易に換金可能であり、かつ、価値の変動について僅少なリスクしか負わない短期投資をいいます。現金同等物の例としては、取得日から満期日または償還日までの期間が3ヵ月以内の短期投資である定期預金、譲渡性預金、コマーシャル・ペーパー、売戻し条件付現先および公社債投資信託などがあります。

キャッシュフロー計算書の 3つの区分

鉄則

キャッシュフロー計算書は次の3つの区分から構成されています。

❶営業活動によるキャッシュフロー

商品の売上や仕入れ、人件費や販売管理費の支払い、利息の受け取りや支払いなどの営業活動により、キャッシュがいくら増減したかを示す。損益計算書の「当期純利益」より大きいことが望ましく、営業活動によるキャッシュフローが大きいほどキャッシュフロー的に良い会社といえる。

❷投資活動によるキャッシュフロー

固定資産の取得や売却、子会社や関連会社などの投資有価証券および有価証券の取得や売却等の投資活動により、キャッシュがいくら増減したかを示す。

❸財務活動によるキャッシュフロー

短期借入金や長期借入金による資金調達、借入金の返済、社債の発行や償還、増資による新株の発行、配当金の支払いなどの財務活動により、キャッシュがいくら増減したかを表している。

4-4 3つのキャッシュフローの関係

3つのキャッシュフローの関係を理解することは経営分析において大切です。ここでは、それぞれのキャッシュフローの関係と見方を見ていきます。

投資活動によるキャッシュフローは通常マイナス

3つのキャッシュフローはそれぞれ関係し合っており、経営分析においてもそれぞれの関係性を見ることが大切です。まずは前提として、投資活動によるキャッシュフローがマイナスになる理由について見ていきましょう。

会社は、現在行っている事業に対しても常に設備投資が必要です。例えば、本社や工場などの建物は維持管理のために多額の補修費などが必要ですし、メーカーの場合には製造機械の買替えや、運送業の場合には車両の買替えなどの設備投資が必要になります。

また、現在行っている事業とは別に新規事業に参入する際は、多額の投資が必要になります。新分野に進出する場合や経営拡大をする場合には、積極的なM&A（企業買収や合併）を行うための費用が必要になることもあるでしょう。

このように、営業活動を行う以上様々な費用が発生することから、投資活動によるキャッシュフローは通常マイナスになります。

営業活動によるキャッシュフローとの関係を見る

次に、営業活動によるキャッシュフローと投資活動によるキャッシュフローとの関係を見ていきましょう。

通常、営業活動によるキャッシュフローと投資活動によるキャッシュフローとの関係は、以下のようになります。

> 営業活動によるキャッシュフロー ＞ 投資活動によるキャッシュフロー

すなわち、営業活動によるキャッシュフローの範囲内で設備投資などの投資活動が行われるのが一般的であり、かつ安全です。

　ただし、工場を新設した場合や大規模な設備投資をした場合、新規事業に参入したときや大規模なM&Aをした年など、一時的に投資活動によるキャッシュフローが営業活動によるキャッシュフローを上回るケースがあります。

　したがって、この営業活動によるキャッシュフローと投資活動によるキャッシュフローとの関係は1年間で判断するのではなく、複数年（3〜5年間）を合計した数字で見るようにしましょう。

　もし、複数年（3〜5年間）を合計して、

> **営業活動によるキャッシュフロー ＜ 投資活動によるキャッシュフロー**

の場合、営業活動の利益で獲得したキャッシュ（現金預金）以上に設備投資などの投資をしているわけです。この場合、その下の区分である財務活動によるキャッシュフローに無理がないかチェックしてみましょう。

財務活動によるキャッシュフローとの関係を見る

　上述のとおり、投資活動によるキャッシュフローが営業活動によるキャッシュフローを上回るケース（営業活動によるキャッシュフロー＜投資活動によるキャッシュフローの場合）には、営業活動の利益で獲得したキャッシュ（現金預金）以上に設備投資などの投資をしているわけですから、このままではどんどんキャッシュ（現金預金）は減少していきます。そのため、その不足分を財務活動によるキャッシュフローで補わなくてはなりません。

　そこで、財務活動によるキャッシュフローのどの項目でキャッシュを補っているかを見てください。「株式の発行による収入」すなわち増資により資金を調達している場合は問題ありません。なぜならば、増資による資本金の増加分には返済義務がないからです。ただし、**敵対的買収（M&A）やTOB**＊には注意が必要です。

＊TOB　株式公開買付けの略称。不特定かつ多数の者に対して買付価格や期間などを提示して、その保有する株券等を売ってくれるように勧誘し、市場外でそれらの株券等を買い付けることをいう。

しかし、営業活動によるキャッシュフローが少ない会社、もしくはマイナスである会社は、当然、当期純利益も少なく（もしくは赤字）、増資に応じてくれる株主は一般にまれだと思いますので、株式の発行による収入、すなわち増資により資金を調達するのは不可能であるケースがほとんどです。

したがって、このような会社は銀行など金融機関からの借入れにより資金を調達するのが一般的です。このように資金繰りを借入金に依存している会社は、当然、その借入金の元本を返済していかなければなりません。

借入金の元本を返済していくキャッシュ（現金預金）の原資は、営業活動によるキャッシュフローになります。したがって、この営業活動によるキャッシュフローを、将来、借入金の元本を返済できる額にまで増加させることのできない会社は、最悪のケースでは倒産してしまいます。

キャッシュフロー計算書の3つの区分、「営業C/F」「投資C/F」「財務C/F」の内容をしっかりチェックしましょう！

キャッシュフローの 3つの代表的パターン

キャッシュフローの数値には成長企業型、安定企業型、危険企業型の3つのパターンがあります。ここでは、それぞれの特徴と数値の見方を解説します。

　営業活動によるキャッシュフロー、投資活動によるキャッシュフロー、財務活動によるキャッシュフローの内容について解説してきましたが、これら3つのキャッシュフローの数値には次のような代表的なパターンがあります（数字は単純化してあります）。

①成長企業・ベンチャー企業型（図表3）

営業活動によるキャッシュフロー	80
投資活動によるキャッシュフロー	△170
財務活動によるキャッシュフロー	100
現金及び現金同等物等の増加額	10

営業活動による
キャッシュフロー
を上回る！

　大規模な設備投資や、新規事業への参入、大規模なM&Aなどの投資活動によるキャッシュフローが、営業活動によるキャッシュフローを上回っています。これは成長企業や積極的に発展を図っているベンチャー企業に見られるパターンです。
　前節で解説したように、株式の発行による収入、すなわち増資により資金を調達している場合は、非常に安定しているといえます。
　しかし、銀行など金融機関からの借入れにより資金を調達している場合は、計画どおりの営業活動によるキャッシュフローができなければ危険を伴います。注目のベンチャー企業が急に倒産するのは、こうしたケースが多いのです。

②安定企業型（図表４）

営業活動によるキャッシュフロー	100	プラス！
投資活動によるキャッシュフロー	△20	マイナス！
財務活動によるキャッシュフロー	△30	マイナス！
現金及び現金同等物等の増加額	50	

社歴の長い優良企業に多く見られるパターンで、経営的には一番安定しています。営業活動によるキャッシュフローのプラス、投資活動によるキャッシュフローのマイナスは当然ですが、財務活動によるキャッシュフローもマイナスで、確実に借入金を返済していながら、現金及び現金同等物等は増加しています。

ただし、新商品の開発、新規事業への参入、大規模なM&Aなどのいわゆる**未来のための投資**が少ないと守りの経営になり、現在行っている事業に陰りが見えたときに弱いという欠点を持ちます。

③危険企業型（図表５）

営業活動によるキャッシュフロー	△50	マイナス！
投資活動によるキャッシュフロー	70	プラス！
財務活動によるキャッシュフロー	△30	マイナス！
現金及び現金同等物等の増加額	△10	

営業活動によるキャッシュフローは赤字のためマイナスになっています。そのマイナスを補うため、過去に取得した土地などの固定資産や投資有価証券の売却、保険や敷金などの解約をして投資活動によるキャッシュフローはプラスになっています。一方、銀行などの金融機関からの支援が受けられず新規の借入れができなくなり、さらに過去の借入金を返済しているので、財務活動によるキャッシュフローはマイナスになっています。

当然、「現金及び現金同等物等」は毎年減少していきますので、主要資産の売却により借入金を適正規模まで圧縮し、経費節減により「営業活動によるキャッシュフロー」を一日も早くプラスにしないと、資金繰りに行き詰まり、いずれ倒産してしまいます。

キャッシュフローは3つの 代表的パターンがある!

❶成長企業・ベンチャー企業型

・投資活動によるキャッシュフローが営業活動によるキャッシュフローを上回っている。

・増資により資金調達している場合は問題ないが、金融機関等から借り入れている場合は注意。

❷安定企業型

・営業活動によるキャッシュフローがプラス、投資活動によるキャッシュフローがマイナス、財務活動によるキャッシュフローがマイナス。

・未来のための投資が行われているかに注目。

❸危険企業型

・営業活動によるキャッシュフローがマイナス、投資活動によるキャッシュフローがプラス、財務活動によるキャッシュフローがマイナス。

・営業活動によるキャッシュフローをプラスにできなければ危険な状況。

4-6 フリー・キャッシュフローとはどんなもの？

フリー・キャッシュフローとは、会社が自由に使える現預金のことを示しており、計算によって求められます。ここでは、その計算方法と活用方法を見ていきます。

フリー・キャッシュフローの内容

フリー・キャッシュフローとは、会社がフリーに、まさに自らの意思で自由に使えるキャッシュ（現金預金）のことをいいます。

このフリー・キャッシュフローは、キャッシュフロー計算書にはどこにも表示されませんが、次の計算式により計算されます。

営業活動によるキャッシュフロー　－　投資活動によるキャッシュフロー

次ページのキャッシュフロー計算書ではフリー・キャッシュフローは、❶営業活動によるキャッシュフロー（5,286百万円）－❷投資活動によるキャッシュフロー（3,460百万円）により、1,826百万円と計算されます。なお、投資活動によるキャッシュフローは通常△（マイナス）であるため、計算にあたっては△（マイナス）は無視して計算します。

会社名　株式会社　○○

自　20×0年4月1日　至　20×1年3月31日

（単位：百万円）

科目	金額
Ⅰ　営業活動によるキャッシュフロー	
（1）　営業収入	151,336
（2）　原材料又は商品の仕入れによる支出	△71,380
（3）　人件費支出	△48,507
（4）　その他の営業支出	△25,198
小計	6,251
（5）　利息及び配当金の受取額	146
（6）　利息の支払額	△462
（7）　法人税等の支払額	△1,230
（8）　消費税の支払額（預り消費税）	581
（9）　その他の支払額	－
営業活動によるキャッシュフロー　❶	5,286
Ⅱ　投資活動によるキャッシュフロー	
（1）　投資有価証券の取得による支出	△2,500
（2）　投資有価証券の売却による収入	3,750
（3）　固定資産の取得による支出	△3,500
（4）　固定資産の売却による収入	－
（5）　その他の支出	△1,390
（6）　その他の収入	180
投資活動によるキャッシュフロー　❷	△3,460
Ⅲ　財務活動によるキャッシュフロー	
（1）　短期借入れによる収入	5,000
（2）　短期借入金の返済による支出	△6,500
（3）　長期借入れによる収入	4,000
（4）　長期借入金の返済による支出	△4,200
（5）　社債の発行による収入	－
（6）　株式の発行による収入	－
（7）　配当金の支払額	△1,500
（8）　その他の収入	－

❶－❷＝1,826

（9）　その他の支出	―
財務活動によるキャッシュフロー	△3,200
Ⅳ　現金及び現金同等物に係る換算差額	―
Ⅴ　現金及び現金同等物の増加額	△1,374
Ⅵ　現金及び現金同等物の期首残高	16,972
Ⅶ　現金及び現金同等物の期末残高	15,598

フリー・キャッシュフローの活用方法

　フリー・キャッシュフローは、会社が自らの意思で自由に使えるキャッシュ（現金預金）のことですから、「キャッシュフロー経営」の観点からは、このフリー・キャッシュフローの大きい会社ほど優良な会社といえます。

　欧米では企業の評価基準として、このフリー・キャッシュフローを最も重視しています。理由は、フリー・キャッシュフローが少ないと、新規事業への参入や積極的なM&Aなどの「未来のための投資」ができないからです。

　日本では、かつては損益計算書（P/L）重視の経営を行ってきたため、当期純利益が計上されていれば、キャッシュフローにはあまり注意は払われていませんでした。

　しかし日本においても、昨今、**会計のグローバル・スタンダード**が叫ばれており、企業の評価基準としても、欧米と同様にフリー・キャッシュフローの大きさが問題となるようになりました。まして、フリー・キャッシュフローが複数年にわたってマイナスの会社は、市場からの撤退を余儀なくされることとなるでしょう。

　会社がフリー（自由）に使えるフリー・キャッシュフローは、通常、次のように活用されます。

・新規事業に参入する場合の設備投資や積極的なM&A（企業買収や合併）など「未来のための投資」に使用する。

・借入金の返済や社債の償還など財務内容を改善するために使用する（逆に、フリー・キャッシュフローがないか少ない場合には、借入金の返済ができない）。

・配当金を多くする、自社株を購入して株価を引き上げる、など株主への利益還元のために使用する。

フリー・キャッシュフローが大きい会社が「勝ち組企業」

最近、特に企業業績の良い会社が会社更生法や民事再生法を申請した会社を救済したり、積極的なM&Aを行ったりするなど、いわゆる「勝ち組企業」と「負け組企業」の差が一段とはっきりしてきています。

会社の救済や積極的なM&Aは、フリー・キャッシュフローが大きくなければ行えないため、フリー・キャッシュフローが大きいことが勝ち組企業と認められる条件になります。

企業買収や合併にはあまり関係のない中小企業でも、このフリー・キャッシュフローをぜひ重視してください。

先述のとおり、フリー・キャッシュフローが少なければ新規の設備投資はできません。ましてフリー・キャッシュフローがマイナスになると、借入金の返済すらままならず、銀行など金融機関から新規の借入れができなくなり、やがて資金繰りに行き詰まって倒産してしまいます。

鉄則 4つのキャッシュフローの復習

①営業活動によるキャッシュフロー：プラスが不可欠、大きいほうが良い

②投資活動によるキャッシュフロー：通常マイナスになるが、投資のし過ぎに注意

③財務活動によるキャッシュフロー：どのように資金調達しているかに注目

④フリー・キャッシュフロー　　　：大きければ設備投資、M&Aなどに活用

4-7 直接法と間接法とはどんなもの？

直接法は収入と支出を一つひとつ記入する方法、間接法はP/Lに現預金が増減する要因を加算減算して計算する方法です。これらの違いと記載例を見ていきます。

直接法と間接法の違い

　営業活動によるキャッシュフローには**直接法**と**間接法**という2つの表示方法があります。まず、直接法とは、商品や製品などの売上や仕入費、人件費や販売管理費などの支払い、利息の受け取りや支払いなどの収入と支出を一つひとつ記入して、いくら現金預金（キャッシュ）が増減したかを表す方法です。

　一方、間接法とは、損益計算書（P/L）の税引前当期純利益に現金預金（キャッシュ）が増減する要因（売上債権の増減、棚卸資産の増減、仕入債務の増減、減価償却費など）を加算減算して、営業活動によるキャッシュフローを計算する方法です。

　なお、直接法か間接法かを選べるのは営業活動によるキャッシュフローのみであり、投資活動によるキャッシュフロー以下の記載方法は常に同じです。

間接法が使われることが多い

　直接法は実務的に作成に手間がかかるため、企業では間接法を使うのが一般的です。以下では、間接法の記載例を見てみましょう（数値は単純化しています）。

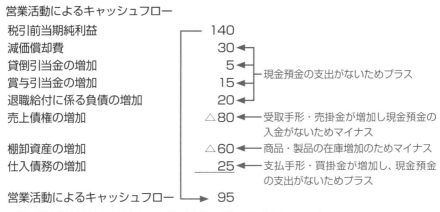

間接法によるキャッシュフロー計算書の記載例①（図表7）

営業活動によるキャッシュフロー

税引前当期純利益	140	
減価償却費	30	┐
貸倒引当金の増加	5	├ 現金預金の支出がないためプラス
賞与引当金の増加	15	│
退職給付に係る負債の増加	20	┘
売上債権の増加	△80	受取手形・売掛金が増加し現金預金の入金がないためマイナス
棚卸資産の増加	△60	商品・製品の在庫増加のためマイナス
仕入債務の増加	25	支払手形・買掛金が増加し、現金預金の支出がないためプラス
営業活動によるキャッシュフロー	95	

※「税引前当期純利益」と比較するため、「法人税等の支払い」は省略しています。

　この場合、売上債権（受取手形・売掛金）が増加しており、売上代金が入金されていないため、損益計算書の利益よりキャッシュフローは悪くなります。
　また、棚卸資産（商品・製品）が増加しているということは、仕入れても売れていないということであり、キャッシュフローは悪くなります。

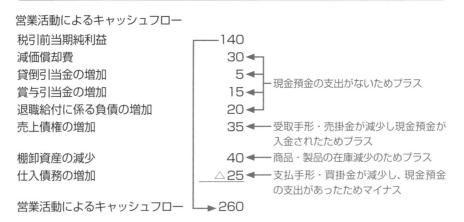

間接法によるキャッシュフロー計算書の記載例②（図表8）

営業活動によるキャッシュフロー

税引前当期純利益	140	
減価償却費	30	┐
貸倒引当金の増加	5	├ 現金預金の支出がないためプラス
賞与引当金の増加	15	│
退職給付に係る負債の増加	20	┘
売上債権の増加	35	受取手形・売掛金が減少し現金預金が入金されたためプラス
棚卸資産の減少	40	商品・製品の在庫減少のためプラス
仕入債務の増加	△25	支払手形・買掛金が減少し、現金預金の支出があったためマイナス
営業活動によるキャッシュフロー	260	

※「税引前当期純利益」と比較するため、「法人税等の支払い」は省略しています。

　この場合、売上債権（受取手形・売掛金）が減少し、売上代金が入金（回収）されているため、損益計算書の利益よりキャッシュフローは良くなります。
　また、棚卸資産（商品・製品）の減少も、手持ちの棚卸資産が売れているということであり、キャッシュフローは良くなります。

直接法と間接法の長所・短所

●直接法

　長所…売上の収入、仕入れの支出、人件費の支出など、現金預金の収入および支出の内訳が正確に把握できる。売上、仕入れ、経費が総額で表示されるので、会計に詳しくない人でも簡単に理解できる。

　短所…作成が難しい、手間がかかる（ただし、会計ソフトで処理している場合、日々の入力データをもとに作成が可能）。売上債権、棚卸資産、仕入債務の増減などから、どのようにして資金繰り（キャッシュフロー）が良くなった／悪くなったのか理由がわからない。

●間接法

　長所…通常、貸借対照表・損益計算書から作成できるので、直接法に比べて作成が容易。売上債権、棚卸資産、仕入債務の増減などから、どのようにして資金繰り（キャッシュフロー）が良くなった／悪くなったのか理由がわかる。

　短所…売上による収入、仕入れによる支出など総額の記載がないので、現金預金（キャッシュ）の収入および支出の内訳が把握できない。ある程度の会計知識がないと理解できない。

問題1　以下のキャッシュフロー計算書 (C/S) の説明について、下記ア～コから適切なものを選んで（　）に記入してください（同じ選択肢を2回以上選んでもかまいません）。

1. （　①　）は、商品や製品などの売上や仕入れ、人件費や販売管理費などの支払い、利息の受け取りや支払いといった営業活動により、キャッシュがいくら増減したかを表しており、プラスが絶対条件です。

2. （　②　）は、土地や建物、機械などの固定資産の取得や売却、子会社や関連会社などの投資有価証券および有価証券の取得や売却といった投資活動により、キャッシュがいくら増減したかを表しています。

3. （　③　）は、短期借入金や長期借入金による資金調達、借入金の返済、社債の発行や償還、増資による新株の発行、配当金の支払いなどの財務活動により、キャッシュがいくら増減したかを表しています。

4. キャッシュフローには代表的な次の3つのパターンがあります。

（　④　型）

営業活動によるキャッシュフロー	80
投資活動によるキャッシュフロー	△170
財務活動によるキャッシュフロー	100
現金及び現金同等物等の増加額	10

（　⑤　型）

営業活動によるキャッシュフロー	100
投資活動によるキャッシュフロー	△20
財務活動によるキャッシュフロー	△30
現金及び現金同等物等の増加額	50

（　⑥　型）

営業活動によるキャッシュフロー	△50
投資活動によるキャッシュフロー	70
財務活動によるキャッシュフロー	△30
現金及び現金同等物等の増加額	△10

5. (⑦) は、会社がフリー、まさに自らの意思で自由に使えるキャッシュ（現金預金）のことをいいます。

(⑦) は、「キャッシュフロー計算書」にはどこにも表示されませんが、次の計算式により計算されます。

(⑦) ＝ (⑧) － (⑨)

ア. フリー・キャッシュフロー　　カ. 安定企業
イ. 危険企業　　キ. 営業活動によるキャッシュフロー
ウ. 投資活動によるキャッシュフロー　　ク. 現金及び同等物
エ. 成長企業・ベンチャー企業　　ケ. 財務活動によるキャッシュフロー
オ. 当期純利益　　コ. 清算企業

[解答欄]
①（　）　②（　）　③（　）　④（　）　⑤（　）
⑥（　）　⑦（　）　⑧（　）　⑨（　）

解答

①（キ）　②（ウ）　③（ケ）　④（エ）　⑤（カ）
⑥（イ）　⑦（ア）　⑧（キ）　⑨（ウ）

MEMO

5章 おさえておきたい 経営分析と財務3表

　この章では、おさえておきたい3つの経営分析を紹介するとともに、会社の現金預金が増加する4つの原因や資金繰り（キャッシュフロー）の改善方法、また財務3表（貸借対照表、損益計算書、キャッシュフロー計算書）が、どのようにつながっているかを解説します。

　また、よく見られる粉飾決算の手口や、財務3表のつながりから粉飾決算を見破る方法も説明していきます。

5-1 おさえておきたい3つの経営指標

経営分析にあたり最低限おさえておきたいのが、営業利益に占める正味支払金利の割合、自己資本比率、総資産経常利益率です。これらの内容と理由を解説します。

3つの指標と成長性に着目

　社長など経営幹部の方から、「経営指標が重要なのはわかるが、たくさん覚えられない。最低限これだけおさえておけば何とかなるという経営指標はありますか?」と聞かれることがよくあります。その場合、私は「最低限といいますと、次の3つの経営指標をおさえてください」とお答えしています。

　その最低限の3つの経営指標は次のとおりです。

　① 営業利益に占める正味支払金利の割合　　　52ページ参照
　② 自己資本比率　　　　　　　　　　　　　　76ページ参照
　③ 総資産経常利益率 (ROA)　　　　　　　　122ページ参照

　「営業利益に占める正味支払金利の割合」は損益計算書 (P/L) の数値です。この営業利益に占める正味支払金利の割合が30%以下であれば、損益計算書 (P/L) は合格です。

　「自己資本比率」は、貸借対照表 (B/S) の数値になります。この自己資本比率が30%以上であれば貸借対照表 (B/S) が合格になります。

　そして、このあと解説する「総資産経常利益率 (ROA＊:「アールオーエー」または「ロア」と読む)」は、会社の経営効率、資金繰り (キャッシュフロー) を見る数値です。

　この3つが良い会社は、損益計算書 (P/L)、貸借対照表 (B/S)、経営効率、資金繰り (キャッシュフロー) が良いわけですから、現在の経営は良好というわけ

＊ROA　Return On Total Assetsの略。

です。よって、最低限この3つを分析できるようにしておくことをおすすめします。

　なお、補足になりますが、これらは「現在の経営状態」を見るために役立つ指標ですので、これ以外に**成長性**も重視してください。会社がしっかり成長しており、また新商品の開発、新規事業への参入、大規模なM&Aなどのいわゆる「未来のための投資」を行っていればよいのですが、そうでなければたとえ現在の経営状況が良くても、会社はじり貧になります。

最低限おさえておきたい 3つの経営指標

① 営業利益に占める正味支払金利の割合
➡ 損益計算書 (P/L) が良い　　　目安は30%以下、低いほうが良い

② 自己資本比率
➡ 貸借対照表 (B/S) が良い　　　目安は30%以上、高いほうが良い

③ 総資産経常利益率 (ROA)
➡ 経営効率、資金繰り
（キャッシュフロー）が良い　　　目安は10%以上、高いほうが良い

このほかに会社の成長性、
将来性も重要!

5-2 総資産経常利益率 (ROA)とはどんなもの？

▶ 動画対応ページ▶ Chapter7

総資産経常利益率 (ROA) は、純資産に対して何%の経常利益が出ているかを示す数値で、経営の効率を見るために役立ちます。ここでは、計算方法を解説します。

総資産経常利益率の内容

「総資産経常利益率」とは、総資産に対して何%の経常利益が出ているかを見る指標です。計算式は次のとおりです。

$$総資産経常利益率（\%）＝\frac{経常利益}{総資産（または総資本〈負債の部＋純資産の部〉）}×100$$

多くの経営分析の本で、「総資本経常利益率」という用語で説明していますが、「総資産経常利益率」といったほうがわかりやすいのではないでしょうか。

総資本 (負債の部＋純資産の部、貸借対照表の貸方) は総資産 (貸借対照表の借方) と一致しますので、「総資産経常利益率」といういい方もできます。英語ではROAといい、総資産 (アセット) に対する利益 (リターン) を求めています。

この経営指標は経営の効率を見ています。例えば、A社が1億円、B社も1億円の利益を出したが、A社の資産は10億、B社の資産は100億円だとすると、「総資産経常利益率」(ROA) は、A社が10%、B社は1%という計算になります。この指標は高いほうが良いので、つまりA社のほうが経営の効率が良いといえます。

122

　一般に、この「総資産経常利益率」（ROA）の目標は10％といわれています。すなわち、「総資産に対して10％の経常利益を出しましょう」ということです。例えば、5億円の資産があれば5千万円の経常利益を出すのが理想で、経営効率は非常に良好といえます。

　以下では、数字を単純化して説明しています。

A社とB社の総資産経常利益率の比較（図表1）

●A社の貸借対照表

		B/S	億円
資産	10	負債	6
		純資産	4
（総資産）	10	（総資本）	10

P/L　経常利益　1億円

●B社の貸借対照表

		B/S	億円
資産	100	負債	80
		純資産	20
（総資産）	100	（総資本）	100

P/L　経常利益　1億円

●A社の総資産経常利益率

$$\frac{1億円}{10億円} \times 100$$

$$= 10\%$$

●B社の総資産経常利益率

$$\frac{1億円}{10億円} \times 100$$

$$= 1\%$$

総資産経常利益率の数字の目安（図表2）

超優良	15％以上	並	2％〜4％
優良	10％〜14％	危険	1％以下
良	5％〜9％		

> 総資産経常利益率は「経営効率」を見る指標で、目標は「10％以上」です。このあと解説しますが、総資産経常利益率が良いと資金繰りが良くなります。

総資産経常利益率の改善方法

総資産経常利益率を改善するためには、総資産回転率と売上高経常利益率を改善することが必要です。ここでは、その方法について見ていきます。

2つの指標に分けられる

総資産経常利益率（ROA）の数値を改善する方法を知ることは、経営改善だけでなく、企業の今後の経営状況を推測することにも役立ちます。以下では、総資産経常利益率（ROA）を改善するにはどうすればよいかについて解説します。

まずは、以下の計算式を見てください。

$$\underset{\text{総資産経常利益率（ROA）}}{\frac{\text{経常利益}}{\text{総資産}} \times 100} = \underset{\text{総資産回転率}^{※}}{\frac{\text{売上高}}{\text{総資産}}} \times \underset{\text{売上高経常利益率}}{\frac{\text{経常利益}}{\text{売上高}} \times 100}$$

※分母に「総資産本」を使用した場合は「総資産回転率」といいます。

このように、純資産経営利益率（ROA）は、総資産回転率（会社が資産をどれだけ収益に転換できるかを示す指標）と売上高経常利益率（売上高に対して経常利益が占める割合を示す指標）に分けることができます。純資産経営利益率（ROA）を改善するためには、これら2つの指標を改善することが必要といえるでしょう。

また、上記の計算式を見ると分母、分子に売上高という共通の数字が入っているので約分できます。そして約分した結果、総資産経常利益率（ROA）の計算式になります。

では、簡単な数字のモデル会社を使って計算してみましょう。

C社の貸借対照表と損益計算書（図表3）

B/S			億円	P/L 売上高	20億円
資産	10	負債	6		
		純資産	4	経常利益	1億円
（総資産）	10	（総資本）	10		

まず、C社の総資産経常利益率（ROA）を計算します。

総資産経常利益率（ROA）の計算式	C社の総資産経常利益率（ROA）
$\dfrac{経常利益}{総資産} \times 100$	$\dfrac{1億円}{10億円} \times 100 = 10\%$

次に、総資産回転率を計算します。

総資産回転率の計算式	C社の総資産回転率
$\dfrac{売上高}{総資産}$	$\dfrac{20億円}{10億円} = 2回転$

総資産回転率は回転数で表されます。C社は2回転ですが、2倍という理解でも大丈夫です。C社の場合、「総資産の2倍の売上がある」ということになります。

以下は、総資産回転率の数字の目安ですが、業種により数値は異なるので注意してください（詳しくは後述します）。

総資産回転率の数字の目安（図表4）

超優良	3回転以上	並	0.5〜1回転未満
優良	2〜3回転未満	危険	0.5回転未満
良	1〜2回転未満		

※業種により数値は異なります。

最後は、売上高経常利益率を計算します。

売上高経常利益率の計算式	C社の売上高経常利益率
$\dfrac{経常利益}{売上高} \times 100$	$\dfrac{1億円}{20億円} \times 100 = 5\%$

　以下は、売上高経常利益率の数字の目安ですが、業種により数値は異なるので注意してください（詳しくは後述します）。

売上高経常利益率の数字の目安（図表5）

超優良	15%以上	並	2%～5%未満
優良	10%～15%未満	注意	2%未満
良	5%～10%未満	経常赤字（損失）	倒産予備軍

※業種により数値は異なります。

　C社の総資産回転率は2回転、売上高経常利益率は5%と計算されたので、総資産経常利益率（ROA）は以下の算式で求められます。

$$\frac{経常利益}{総資産} \times 100 = \frac{売上高}{総資産} \times \frac{経常利益}{売上高} \times 100$$

$$2 \times 5\% = 10\%$$

このように、総資産経常利益率（ROA）を改善したい場合には、総資産回転率または売上高経常利益率を上げることが近道といえます。

5-4 業種ごとの総資産経常利益率の改善方法

総資産経常利益率 (ROA) を改善するといっても、業種によって有効な方法は異なります。ここでは業種ごとに改善方法を見ていきます。

業種による違いを踏まえる

　総資産経常利益率 (ROA) の目標数字は10%です。5-2節でも述べたとおり、10%なら経営効率が非常に良くなります。ここでは業種ごとに、総資産経常利益率 (ROA) 10%を目指して改善する方法を見ていきたいと思います。

❶ 製造業 (メーカー)・建設業

　最初に製造業 (メーカー) や建設業の場合です。これらの業種は総資産が大きいのが特徴です。製造業 (メーカー) は工場を所有するので、土地、建物、機械装置が高額になります。建設業も建設機械や重機などを多数所有する必要があるので、資産総額は大きくなるという特徴があります (建設機械をあまり所有しない請負型の建設業はこれに当てはまりません)。

製造業D社の貸借対照表と損益計算書 (図表6)

	B/S		億円		P/L　売上高	100億円
資産	100	負債	70			
		純資産	30		経常利益	10億円
(総資産)	100	(総資本)	100			

$$\text{総資産回転率} = \frac{\text{売上高}}{\text{総資産}} \times 100 \quad \overset{\text{D社の場合}}{\frac{100億円}{100億円} = 1回転}$$

以上より、D社の総資産回転率は1回転になります。製造業（メーカー）や建設業でも1回転というのは少し少ないといえるでしょう。製造業（メーカー）の場合は「1.3回転から1.5回転」、建設業の場合は「1.5回転から2回転」が目安になります。

次に売上高経常利益率ですが、D社は独自の製品で他社と差別化し、価格競争に巻き込まれていないので10%を達成しています。

$$売上高経常利益率 = \frac{経常利益}{売上高} \times 100 \quad\bigg|\quad \frac{10億円}{100億円} \times 100 = 10\%$$

D社の場合

D社は、次の計算式により総資産経常利益率（ROA）10%を達成しています。

総資産回転率		売上高経常利益率		総資産経常利益率（ROA）
1回転	×	10%	=	10%

前にも説明しましたが、製造業（メーカー）および建設業は総資産が大きく総資産回転率が低い傾向があるので、売上高経常利益率を高め、以下のような形で総資産経常利益率（ROA）10%を目指していくのが望ましいといえます。

製造業（メーカー）・建設業の総資産経常利益率の目標値（図表7）

総資産経常利益率（ROA）	総資産回転率		売上高経常利益率
	1回転	×	10%
目標　10%	1.3回転	×	8%
	1.5回転	×	7%
	1.7回転	×	6%

❷小売業・飲食業

　次に小売業・飲食業のケースを見ていきましょう。小売業・飲食業は、製造業（メーカー）や建設業よりも総資産は少ない傾向があります。なぜなら、製造業のように土地、建物、機械装置を保有する必要がないからです。ただし、店舗に内装、備品などが必要になります。

　ここでも小売業・飲食業の代表的なパターンを、モデル会社の例を挙げて見ていきましょう。以下の計算式より、小売業E社の総資産回転率は2回転です。

小売業E社の貸借対照表と損益計算書（図表8）

	B/S	億円	P/L 売上高	20億円
資産	10	負債 7		
		純資産 3	経常利益	1億円
（総資産）	10	（総資本） 10		

$$総資産回転率 = \frac{売上高}{総資産} \times 100 \qquad \boxed{\text{E社の場合}\quad \frac{20億円}{10億円} = 2回転}$$

　小売業・飲食業はライバルが多く価格競争にも巻き込まれやすいため、売上高経常利益率は製造業（メーカー）よりも低くなる傾向があります。E社の売上高経常利益率は5%です。

$$売上高経常利益率 = \frac{経常利益}{売上高} \times 100 \qquad \boxed{\text{E社の場合}\quad \frac{1億円}{20億円} \times 100 = 5\%}$$

　E社は、次の計算式により総資産経常利益率（ROA）10%を達成しています。

総資産回転率		売上高経常利益率		総資産経常利益率（ROA）
2回転	×	5%	=	10%

このように、小売業・飲食業は売上高経常利益率が低くなるため、総資産回転率を高めて総資産経常利益率（ROA）10%を目指していくのが望ましいといえます。

❸卸売業・商社・量販店

　最後は卸売業・商社・量販店の事例です。これらの業種は「薄利多売」といわれ、売上は大きいですが、利益率が低いのが特徴です。総資産に比べて売上が大きいので総資産回転率は高くなります。

　ここでは、卸売業F社をモデルに見ていきましょう。以下の計算式により、F社の総資産回転率は3.3回転になります。

卸売業F社の貸借対照表と損益計算書（図表9）

	B/S	億円		P/L 売上高	100億円
資産	30	負債	20		
		純資産	10	経常利益	3億円
（総資産）	30	（総資本）	30		

$$総資産回転率 = \frac{売上高}{総資産} \times 100$$

F社の場合
$$\frac{100億円}{30億円} = 3.3回転$$

　半面、卸売業・商社・量販店は利益率が低くなります。F社の売上高経常利益率は3%になります。

$$売上高経常利益率 = \frac{経常利益}{売上高} \times 100$$

E社の場合
$$\frac{3億円}{100億円} \times 100 = 3\%$$

　F社は、以下の計算式により総資産経常利益率（ROA）9.9%と約10%を達成しています。

総資産回転率		売上高経常利益率		総資産経常利益率 (ROA)
3.3回転	×	3%	=	10%

　卸売業・商社・量販店は売上高経常利益率がさらに低くなるため、総資産回転率を高めて総資産経常利益率 (ROA) 10%を目指していくのが望ましいでしょう。

　なお、これらの業種も資産を多く持つ必要がありませんので、一般的に総資産回転率は高くなります。売上高経常利益率が多少低くても総資産経常利益率 (ROA) 10%を目指すことができます。

卸売業・商社・量販店の総資産経常利益率の目標値（図表10）

総資産経常利益率 (ROA)	総資産回転率		売上高経常利益率
目標　10%	3.3回転	×	3%
	5回転	×	2%

　いかがでしょうか？　ぜひ皆さんの会社の総資産経常利益率 (ROA)、総資産回転率、売上高経常利益率を計算してみてください。上記指標を参考に改善点を見つけ、総資産経常利益率 (ROA) 10%を目指してください。

　また、株主あるいは取引先の経営状況を知りたい方は、こうした指標を参考に、対象の会社の経営状況を判断していくとよいでしょう。

総資産回転率・売上高経常利益率を高める方法を考え、目標数値「総資産経常利益率10%」を目指しましょう！

第5章

おさえておきたい経営分析と財務3表

鉄則 総資産経常利益率（ROA）を改善する方法

　下記の式より、総資産経常利益率（ROA）の数値を改善するには、総資産回転率または売上高経常利益率の改善がポイントになります。

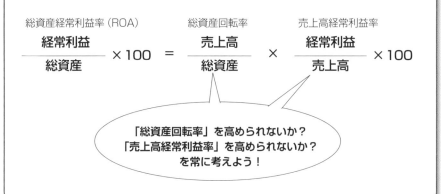

総資産経常利益率（ROA）

$$\frac{経常利益}{総資産} \times 100 = \frac{売上高}{総資産} \times \frac{経常利益}{売上高} \times 100$$

総資産回転率　　　　売上高経常利益率

「総資産回転率」を高められないか？
「売上高経常利益率」を高められないか？
を常に考えよう！

コラム コンビニのROAは百貨店の約20倍、総合スーパーの約10倍！

　日経新聞の記事によると、国内のコンビニ、百貨店、総合スーパーの総資産経常利益率（ROA）は次のとおりで、国内のコンビニのROAは百貨店の約20倍、総合スーパーの約10倍になっています。

国内コンビニエンスストア	21.7%
百貨店	1.1%
総合スーパー	2.2%

　この記事では、「セブン＆アイ・ホールディングスは、投資家の要望で経営効率の悪い百貨店、総合スーパーを閉め、経営効率の良いコンビニにシフトする」ということも述べられていました。しかし個人的には、経営効率（ROA）のためだけに地方の百貨店や総合スーパーが閉店してしまっては、買い物難民が出るのではと思うのですが……。

5-5 総資産経常利益率が良いとなぜ資金繰りが良くなるか？

▶ 動画対応ページ ▶ Chapter8

経常利益率の改善方法と資金繰りの改善方法には一致している点があり、一方が改善されるともう一方も改善されます。ここでは、その仕組みを解説します。

現金預金が増加する仕組み

　ここからは、総資産経常利益率（ROA）が良いと、なぜ資金繰り（キャッシュフロー）が良くなるかを解説します。この内容を理解すると、会社の資金繰り（キャッシュフロー）を良くする方法、また会社の資金繰り（キャッシュフロー）が悪くなる理由が理解できるようになります。経営分析にも役立つので、ぜひおさえておきましょう。

　まず、現金預金が増加する仕組みについて、貸借対照表（B/S）、損益計算書（P/L）を以下のように図形化して説明します（説明を平易にするため、数字は単純化してあります）。

貸借対照表と損益計算書の略図（図表11）

B/S			P/L		
現金預金 10	負債　　 70		費用　　 95	収益　　 100	
現金預金以外の資産 90	純資産　 30		当期純利益 5		
(100)	(100)		(100)	(100)	

第5章　おさえておきたい経営分析と財務3表

順次解説しますが、会社の現金預金が増加する原因は次の4つに分類されます。

①現金預金以外の資産が減少する
②負債が増える
③増資する（純資産が増加する）
④利益を出す（純資産が増加する）

以下、1つずつ解説していきます。

❶現金預金以外の資産が減少する

現金預金を増加させる原因の1つ目は「現金預金以外の資産」の減少になります。下記の図のとおり、現金預金以外の資産が減少すると、現金預金は増加します（他の要素はすべて変わらないと仮定して説明しています）。

現金預金以外の資産が減少する場合の貸借対照表の変化（図表12）

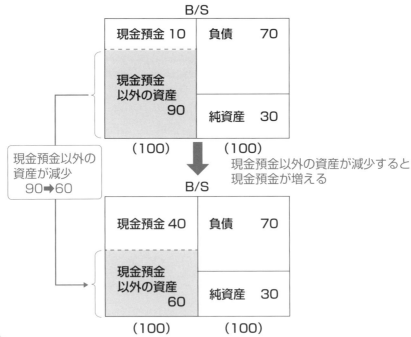

　現金預金以外の資産が減少するケースとは、具体的には以下のケースをいいます。

> ・売掛金、受取手形の回収
> ・棚卸資産（商品・製品など）の減少（在庫の圧縮）
> ・有価証券、固定資産の売却
> ・保険積立金や敷金の解約
> ・受取手形の割引、裏書譲渡
> ・貸付金、立替金、未収金の回収　など

　逆に現金預金以外の資産が増加するケースとは、以下のようなケースを指し、現金預金は減少します。

> ・売掛金、受取手形の増加
> ・棚卸資産（商品・製品など）の増加（在庫が増える）
> ・有価証券、固定資産の購入
> ・保険積立金や敷金などの増加
> ・貸付金、立替金、未収金の増加　など

❷負債が増える

　現金預金を増加させる原因の2つ目は「負債の増加」になります。次ページの図表13のとおり、負債が増えると現金預金は増加します。

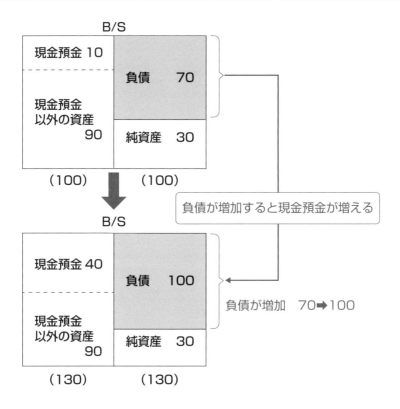

負債が増加するケースとは、具体的には以下のようなケースをいいます。

- ・新規の借入れ　　・社債の発行　　・買掛金、未払金の増加
- ・支払手形の発行　・前受金の増加　など

　逆に負債が減少するケースとは、以下のようなケースを指し、現金預金は減少します。

- ・借入金の返済　　・社債の償還　　・買掛金、未払金の支払い
- ・支払手形の決済　・前受金の減少　など

負債は必ずあとで返済・支払いが必要になるので、もちろんむやみに負債を増やすのは危険ですが、負債が増えると一時的には現金預金は増加します。

❸増資する（純資産が増加する）

現金預金を増加させる原因の3つ目は「増資」になります。下記の図のとおり、増資を行うと純資産の資本金が増え、現金預金が増加します。

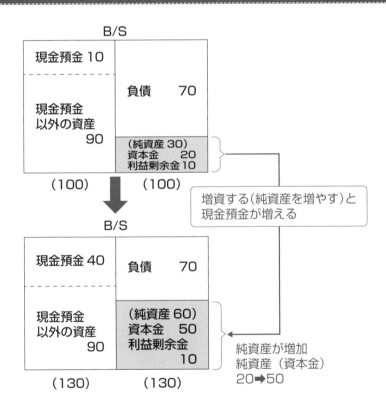

純資産が増えた場合の貸借対照表の変化（図表14）

逆に、株主に対する配当金の支払いや自社株の取得、（日本ではあまり行いませんが）払戻し減資を実施すると、純資産が減少し、現金預金も減ります。

❹利益を出す（純資産が増加する）

　現金預金を増加させる原因の４つ目は「利益の計上」になります。下記の図のとおり、損益計算書（P/L）で利益が出ると純資産の利益剰余金が増え、現金預金が増加します。

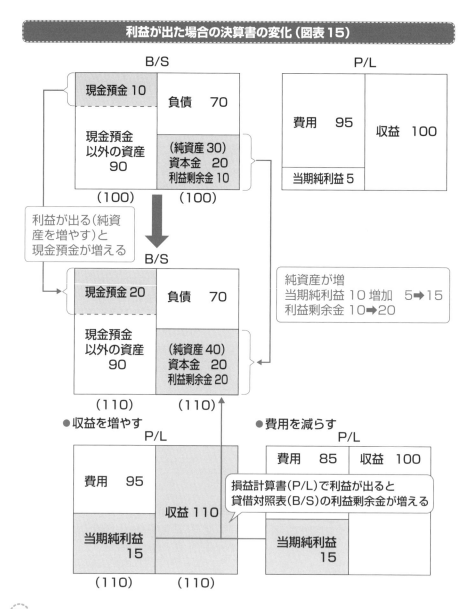

利益が出た場合の決算書の変化（図表15）

損益計算書（P/L）の当期純利益を増やす方法には、「収益を増やす」と「費用を減らす」の2つがあります。具体的な方法は以下のとおりです。

収益を増やす

・売上を増加させる（売上数量を増加させる、単価を上げる）

・受取利息、受取配当金を増やす

・給付金、助成金など雑収入を増やす

・為替差益を出す　など

費用を減らす

・売上原価、製造原価を減らす（コストダウン）

・販売費及び一般管理費を減らす（経費の削減）

・支払利息、割引料を減らす　など

逆に当期純損失（赤字）を出すと、純資産の利益剰余金が減少し、現金預金も減ります。

総資産経常利益率が高いと資金繰りが良くなる理由

5-1節で総資産経常利益率（ROA）が良いと、資金繰り（キャッシュフロー）が良くなると解説しましたが、もう一度、総資産経常利益率（ROA）の計算式を見てみましょう。

$$総資産経常利益率（ROA）（\%） = \frac{経常利益 \nearrow 多く}{総資産 \searrow 少なく} \times 100$$

総資産経常利益率（ROA）を高くするには、計算式の分母・分子を矢印の方向に持っていけばいいことがわかります。

すなわち、分子の経常利益は多く、分母の総資産は少なくすると、総資産経常利益率（ROA）は高くなります。

実はこの矢印の方向が134ページで解説した「会社の現金預金が増加する原因」の「❶現金以外の資産が減少する」「❹利益を出す（純資産が増加する）」に一致しています。

　分子の経常利益を増やし、分母の総資産（正確には現金以外の資産）を減らせば、総資産経常利益率（ROA）が高くなり、結果としてキャッシュフロー（資金繰り）が良くなります。

総資産経常利益率（ROA）と資金繰り（キャッシュフロー）の関係

会社の現金預金（キャッシュ）を増やす方法は以下の4つです。

①現金預金以外の資産を減らす
②負債を増やす
③増資する（純資産を増やす）
④利益を出す（純資産を増やす）

なぜ、総資産経常利益率（ROA）が良いと資金繰り（キャッシュフロー）が良くなるかは、次の計算式から理解できます。

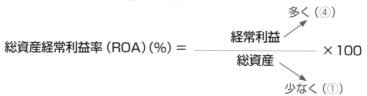

多く（④）

$$\text{総資産経常利益率（ROA）（\%）} = \frac{\text{経常利益}}{\text{総資産}} \times 100$$

少なく（①）

　総資産経常利益率（ROA）を良くする矢印の方向が、現金預金を増やす方法と一致しているので、総資産経常利益率（ROA）が高いと資金繰り（キャッシュフロー）が良くなるのです。

5-6　財務３表のつながりを理解する

貸借対照表・損益計算書・キャッシュフロー計算書のつながりを理解することは、経営分析において重要です。ここでは、これらのつながりについて例をもとに解説します。

財務３表にはつながりがある

　会社が作成する貸借対照表（B/S）、損益計算書（P/L）、キャッシュフロー計算書（C/S）を「財務３表」と呼ぶということは第１章で解説しました。経営分析をするうえでは、この財務３表のつながりを理解することも大切です。財務３表のつながりは次ページの図表16のようになっています。

　財務３表を見ることにより、単独の決算書ではわからなかったことが見えてきます。例えば、以下のようなケースには留意しましょう。

❶損益計算書（P/L）では当期純利益が計上されている（黒字）のに、キャッシュフロー計算書の営業活動キャッシュフローがマイナスの場合

　売掛金や受取手形の増加、棚卸資産の増加などが考えられます。売掛金、棚卸資産が正常なものであれば、翌期以降に回収されたり販売されたりして現金化するので、問題ありません。

　このような場合には、財務３表を単年度ではなく複数年で見ていきます。翌年以降にこれらの状態が解消されていれば問題ありませんが、何年も続く場合は以下の点を疑っていきます。

　売掛金、棚卸資産の増加が何年も続く場合、また売掛金、棚卸資産が売上に比べて明らかに多い場合は、赤字回避のために不良債権や不良在庫を損失に落としていない可能性があるため、注意が必要です。

　売掛金が増大している場合は、最悪、「先行売上計上による粉飾決算」も考えられます。先行売上とは、例えば３月決算の場合、翌期４月の売上を前倒しして計上する粉飾決算です。

また、棚卸資産が増大している場合は、商品・製品の水増しによる粉飾決算を疑います。

　このように、単独の決算書ではなかなか見破れない粉飾決算は、財務３表を比較してみることでわかります。

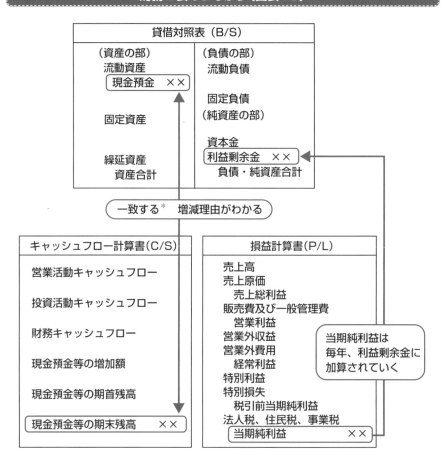

財務３表のつながり（図表16）

貸借対照表（B/S）

（資産の部）	（負債の部）
流動資産	流動負債
現金預金　××	
	固定負債
固定資産	（純資産の部）
	資本金
繰延資産	利益剰余金　××
資産合計	負債・純資産合計

一致する*　増減理由がわかる

キャッシュフロー計算書（C/S）

営業活動キャッシュフロー

投資活動キャッシュフロー

財務キャッシュフロー

現金預金等の増加額

現金預金等の期首残高

現金預金等の期末残高　××

損益計算書（P/L）

売上高
売上原価
　売上総利益
販売費及び一般管理費
　営業利益
営業外収益
営業外費用
　経常利益
特別利益
特別損失
　税引前当期純利益
法人税、住民税、事業税
当期純利益　××

当期純利益は
毎年、利益剰余金に
加算されていく

＊**一致する**　キャッシュフロー計算書の現金預金等には３ヵ月以内の短期投資が入るため、３ヵ月超の投資（例えば１年満期の定期預金）などがある場合には一致しない。この場合には、キャッシュフロー計算書に必ず注記がある。

❷損益計算書（P/L）では当期純損失（赤字）なのに、キャッシュフロー計算書の営業活動キャッシュフローがプラスの場合

損益計算書（P/L）の特別損失で「不良債権を多額に償却（償却とは損益計算書で費用・損失に計上することをいう）」しているケースや、赤字続きの子会社を整理（会社を清算）して多額の「子会社整理損」を計上しているケースがあります。

このような貸倒損失や子会社整理損などは損益計算書（P/L）に損失として計上されますが、現金預金（キャッシュ）は出ていきませんので、損益計算書（P/L）で当期純損失になっていても、キャッシュフロー計算書（C/S）の営業キャッシュフローはプラスになる場合もあります。

この場合は、「貸借対照表（B/S）は、損益計算書（P/L）のいくらの損失（赤字）まで耐えられるか？」に注意してください。

図表16のように損益計算書（P/L）で当期純利益が出ると、利益剰余金に加算され純資産の部が増加します。逆に損益計算書（P/L）で当期純損失を出すと利益剰余金が減少し、純資産の部も減っていきます。

仮に純資産10億円の会社が、多額の貸倒損失や子会社整理損を計上して当期純損失10億円となると、純資産はすべて消えて0円になります。もし純資産が8億円で10億円の当期純損失を出すと「純資産△2億円」となり、債務超過に陥ります。債務超過とは、資産の部より負債の部が大きい状態のことで、純資産の部がマイナスになります。

ちなみに、上場会社が2期連続でこの債務超過になると、それだけで上場廃止になります。

鉄則 貸借対照表 (B/S) で損失 (赤字) 耐久力を見る!

G社とH社の貸借対照表を見てみましょう。

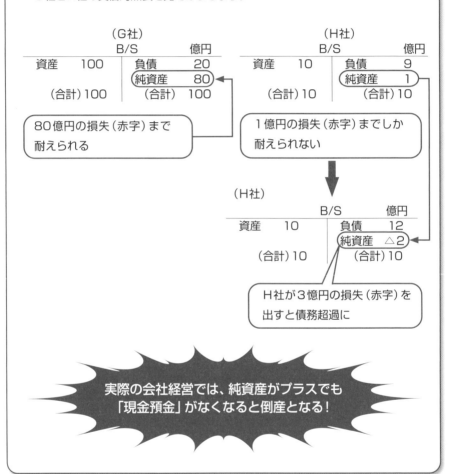

（G社）

B/S			億円
資産	100	負債	20
		純資産	80
（合計）100		（合計）	100

80億円の損失（赤字）まで耐えられる

（H社）

B/S			億円
資産	10	負債	9
		純資産	1
（合計）10		（合計）	10

1億円の損失（赤字）までしか耐えられない

（H社）

B/S			億円
資産	10	負債	12
		純資産	△2
（合計）10		（合計）	10

H社が3億円の損失（赤字）を出すと債務超過に

実際の会社経営では、純資産がプラスでも「現金預金」がなくなると倒産となる!

5-7 財務３表のつながりから粉飾決算を見破る

▶ 動画対応ページ▶ Chapter9

財務３表のつながりが理解できれば、粉飾決算を見破ることもできるようになります。
ここでは、粉飾決算を見破る方法について見ていきます。

粉飾決算とは

　本節では、会社が粉飾決算を行うと財務３表がどう動くかを通じて、粉飾決算を見破る方法を解説していきます。

　説明を単純にするために以下の数字を使います（次ページの図表17）。貸借対照表（B/S）は資産100、負債100で純資産が0の状態です。損益計算書（P/L）は収益100、費用100で利益0の状態です。利益0では金融機関からの借入れができないので、この会社が利益を出すための粉飾決算を行うと、財務３表がどのように動くかを解説していきます。

　なお、粉飾決算とは「決算書の利益を実際より大きくする」「本来は赤字（損失）なのに決算書では利益を計上する」ことをいいますが、ベンチャー企業などでは初期は赤字が当然なので、成長性を見せるため売上高を大きく見せる粉飾決算もあります。

ここでは、会社の財務３表のつながりから「粉飾決算の手口」「粉飾決算を見破る方法」を解説します。得意先などの与信管理に活用してください。

以下では、よくある粉飾決算の手口を見ていきます。なお、実際の手口としては1項目だけ数字を操作すると不自然になるので、いくつかの方法を組み合わせて行われます。

モデル会社の決算書（図表17）

	B/S	
資産　100		負債100
（100）		（100）

	P/L	
費用　100		収益　100
（100）		（100）

キャッシュフロー計算書（C/S）

営業活動キャッシュフロー	
投資活動キャッシュフロー	
財務キャッシュフロー	
現金預金等の増加額	
現金預金等の期首残高	
現金預金等の期末残高	××

❶収益と資産を増やす

　粉飾決算で一番行われるのが売上を増やすことです。次ページの図表18のように、売上（収益）を100から130に増加させると、損益計算書（P/L）の当期純利益は30になります。5-6節で解説したように、当期純利益が出ると貸借対照表（B/S）の繰越利益剰余金は30増えるので、貸借対照表（B/S）も変動します。

　このように、利益を出す粉飾決算を行うと、必ず貸借対照表（B/S）が動きます。その異常値に粉飾決算のサインが出るので、それを見逃さないようにすることが重要です。

　なお、損益計算書 (P/L) だけを操作して利益を計上することはできません。例えば、収益と費用を100ずつ増やしても利益は変わりません。ただ売上高を増やすことはできます。

　また、キャッシュフロー計算書 (C/S) の現金預金等の期末残高は、現金預金を粉飾決算しない限り変動はありません。会計監査が入る上場会社では現金預金が粉飾されることはありませんが、非上場会社ではあり得ます。とはいえ、現金預金まで粉飾しているようでは、会社の末期症状だといえます。

　収益と資産を増やしているケースの例としては、主に以下のようなものがあります。

収益と資産を増やしているケース（図表18）

- 先行売上を計上する（3月決算で4月の売上を前倒しして計上するなど）
  - ➡ P/Lで売上高、B/Sで売掛金が増加
- 子会社、代理店に翌期の返品を約束して販売する※
  - ➡ P/Lで売上高、B/Sで売掛金が増加
- 回収の見込みのない貸付金の利息を計上する
  - ➡ P/Lで受取利息、B/Sで未収入金が増加

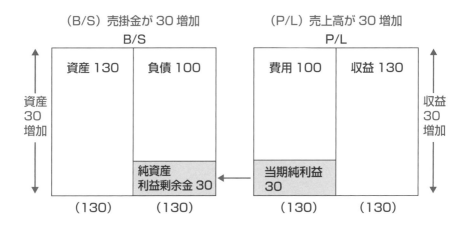

※連結決算を採用している上場会社では、子会社に対する売上は「当期純利益」には反映されません。

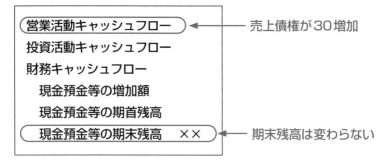

キャッシュフロー計算書（C/S）

営業活動キャッシュフロー	← 売上債権が30増加
投資活動キャッシュフロー	
財務キャッシュフロー	
現金預金等の増加額	
現金預金等の期首残高	
現金預金等の期末残高　×××	← 期末残高は変わらない

▶ **チェックポイント**

・損益計算書（P/L）の売上原価率、売上総利益率は適切か？

・貸借対照表（B/S）の売掛金残高は適切か？

・売掛金残高は回収サイトと一致しているか？

（月商100万円で月末締め翌月末回収の場合、売掛金は月商の100万円前後になるが、月商の2ヵ月、3ヵ月以上になっているのはおかしい。後述する不良売掛金を損失に計上していない場合もあり）

・キャッシュフロー計算書（C/S）の売上債権の増加は適切か？

❷収益を増やし、負債を減らす

　このパターンは売上を増やし負債を圧縮する方法です。あまり多くはないと思いますが、具体的には以下の方法です。

　また、見破るチェックポイントは後述のとおりですが、多額の粉飾決算以外の見極めはかなり難しいです。

収益を増やし、負債を減らしているケース

- ●「前受金」に上げるべき金額を売上に計上
- ●本来は返済すべき「保証金」「預り金」を売上に計上　など

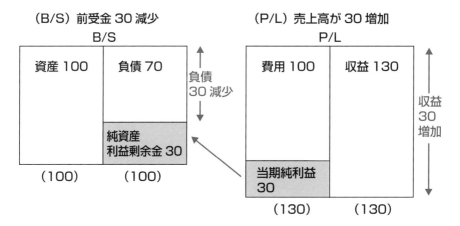

前受金にすべき金額30を売上高に計上した場合の動き（図表19）

（B/S）前受金 30 減少 ／ （P/L）売上高が 30 増加

▶ チェックポイント

・前期以前に比べて前受金・保証金・預り金が減少していないか？
・業種的に前受金・保証金が発生するはずなのに計上されていない（旅行代理店など）

❸費用と負債を減らす

　このパターンは、費用と負債をともに減少（圧縮）することにより利益を計上しています。具体的な方法は以下のとおりです。

費用と負債を減らしているケース

- ●買掛金を計上せず仕入れ（売上原価）を少なくする
- ●未払給料、未払水道光熱費など未払金、未払費用を計上しない　など
- ●退職給付に関する費用や引当金を計上しない　など

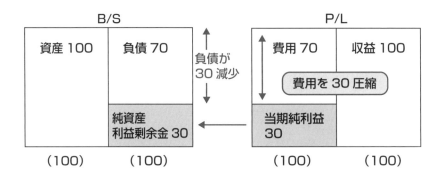

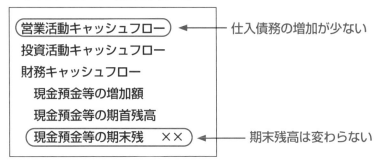

▶ チェックポイント
 ・損益計算書（P/L）の売上原価率、売上総利益率は適切か？
 ・貸借対照表（B/S）の買掛金は適切か？（売掛金に比べて極端に少なくないか）
 ・キャッシュフロー計算書（C/S）の売上債権の増加と比べて、仕入債務の増加は適切か？

❹費用を減らし資産を増やす

「①収益と資産を増やす」の粉飾決算に続いて多いのが、この「費用を減らし資産を増やす」パターンです。特に、棚卸資産（商品・製品・仕掛品）を増やし、売上原価を少なくすることが代表的な粉飾決算の手口です。

費用を減らし資産を増やしているケース

● 棚卸資産（商品・製品・仕掛品）を増加させるとともに、売上原価、製造原価、工事原価を少なくして利益を計上
　➡ P/Lで売上原価、製造原価、工事原価が減少
　　 B/Sで棚卸資産（商品・製品・仕掛品）が増加
● 今期に計上すべき費用を前払費用・仮払金・投資その他の資産などに振り替える
　➡ P/Lで費用が減少
　　 B/Sで前払費用・仮払金・投資その他の資産が増加
● 本来、繰延資産に該当しない費用を繰延資産に計上
　➡ P/Lで費用が減少、B/Sで「繰延資産」が増加

また、以下のケースは費用・損失に計上しないことにより、本来減少するはずの資産が減少しません。

・不良売掛金を貸倒損失に計上していない
・不良在庫を商品評価損・製品評価損など損失に計上していない
・固定資産の減価償却を適正に行っていない
・繰延資産の償却を適正に行っていない　　　など

単独の決算書では見えてこない粉飾決算も、財務３表のつながりから判明します。また、粉飾決算は複数の手口を組み合わせることが多いです。

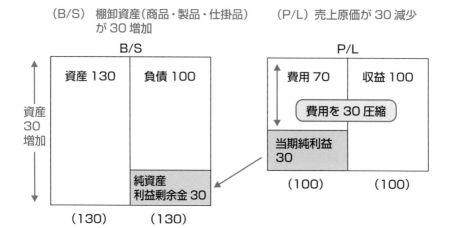

期末棚卸資産（商品・製品・仕掛品）を30過大計上した場合（図表21）

(B/S) 棚卸資産（商品・製品・仕掛品）が30増加　　(P/L) 売上原価が30減少

B/S

資産 130	負債 100
	純資産 利益剰余金 30
(130)	(130)

資産 30 増加

P/L

費用 70	収益 100
費用を30圧縮	
当期純利益 30	
(100)	(100)

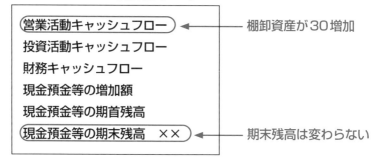

キャッシュフロー計算書（C/S）

営業活動キャッシュフロー	← 棚卸資産が30増加
投資活動キャッシュフロー	
財務キャッシュフロー	
現金預金等の増加額	
現金預金等の期首残高	
現金預金等の期末残高　××	← 期末残高は変わらない

▶ **チェックポイント**

・損益計算書（P/L）の売上原価率、売上総利益率は適切か？
・貸借対照表（B/S）の棚卸資産（商品・製品・仕掛品）は適切か？
・業界平均の棚卸資産手持ち日数（何日分の在庫を持っているか）と数値がかけ離れていないか？
・前払費用・仮払金・繰延資産などに異常値はないか？
・損益計算書（P/L）の減価償却費は適切か？

第5章●確認問題

問題1　以下の説明について、下記ア〜クから適切なものを選んで（　）に記入して
ください（同じ選択肢を2回以上選んでもかまいません）。

1.「営業利益に占める正味支払金利の割合」は（　①　）ほうが良く、この指標が
いいと（　②　）が良いことになります。

2.「自己資本比率」は（　③　）ほうが良く、この指標がいいと（　④　）が良いこと
になります。

3.「総資産経常利益率（ROA）」は（　⑤　）ほうが良く、この指標がいいと（　⑥　）
が良いことになります。

第5章　おさえておきたい経営分析と財務3表

> ア. 高い　イ. 資金繰り（キャッシュフロー）　ウ. バランス　エ. 経営理念
> オ. 低い　カ. 損益計算書（P/L）　キ. キャッシュフロー計算書（C/S）
> ク. 貸借対照表（B/S）

[解答欄]
①（　　）②（　　）③（　　）④（　　）⑤（　　）⑥（　　）

正解

①（オ）　②（カ）　③（ア）　④（ク）　⑤（ア）　⑥（イ）

次の会社の「総資産経常利益率 (ROA)」「総資産回転率」「売上高経常利益率」を計算してください。

●A社

B/S	億円	P/L	20億円
資産 10	負債 6	売上高	
	純資産 4	経常利益	1億円
(総資産)10	(総資本)10		

① 総資産経常利益率 (ROA) $= \dfrac{経常利益}{総資産} \times 100$

$\dfrac{(\qquad 億円)}{(\qquad 億円)} \times 100 = (\quad \%)$

② 総資産回転率 $= \dfrac{売上高}{総資産} \qquad \dfrac{(\qquad 億円)}{(\qquad 億円)} = (\qquad 回転)$

③ 売上高経常利益率 $= \dfrac{経常利益}{売上高} \times 100 \qquad \dfrac{(\qquad 億円)}{(\qquad 億円)} \times 100 = (\quad \%)$

④ 総資産経常利益率 (ROA) $=$ 総資産回転率 × 売上高経常利益率

(　　回転) × (　　　%) = (　　　　%)

正解

① 総資産経常利益率 (ROA) $= \dfrac{経常利益}{総資産} \times 100$

$\dfrac{1億円}{10億円} \times 100 = 10\%$

② 総資産回転率 $= \dfrac{売上高}{総資産} \qquad \dfrac{20億円}{10億円} = 2回転$

③ 売上高経常利益率 $= \dfrac{経常利益}{売上高} \times 100 \qquad \dfrac{1億円}{20億円} \times 100 = 5\%$

④ 総資産経常利益率 (ROA) $=$ 総資産回転率 × 売上高経常利益率

2回転 × 5% = 10%

問題3 図表1～4は会社のお金を増やす方法を示しています。(①)～(④)に当てはまる言葉を158ページのア～コから選んで解答欄に記入してください。

●図表1（　①　）

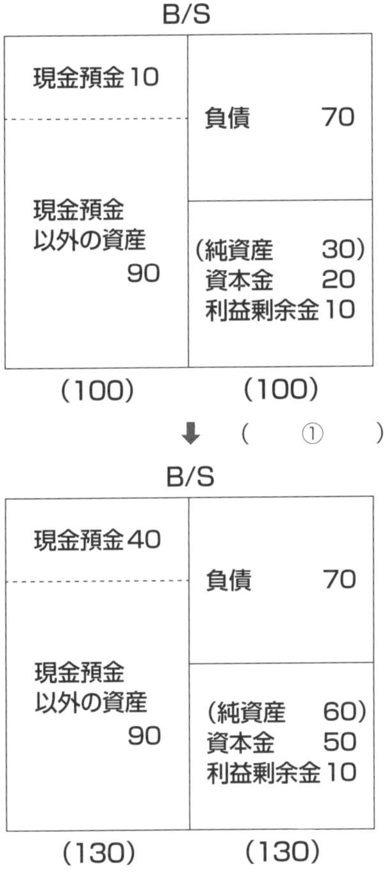

B/S

現金預金 10	負債　　　70
現金預金以外の資産　90	（純資産　　30） 資本金　　20 利益剰余金 10
(100)	(100)

⬇　（　　①　　）

B/S

現金預金 40	負債　　　70
現金預金以外の資産　90	（純資産　　60） 資本金　　50 利益剰余金 10
(130)	(130)

●図表2（　②　）

B/S

現金預金 10	負債　　　70
現金預金 以外の資産 　　　　90	純資産　30
（100）	（100）

↓　（　　②　　）

B/S

現金預金 40	負債　　　100
現金預金 以外の資産 　　　　90	純資産　30
（130）	（130）

このレベルの問題がスラスラ
解ければ、決算書の理解度はか
なり高まっています。

●図表３（　③　）

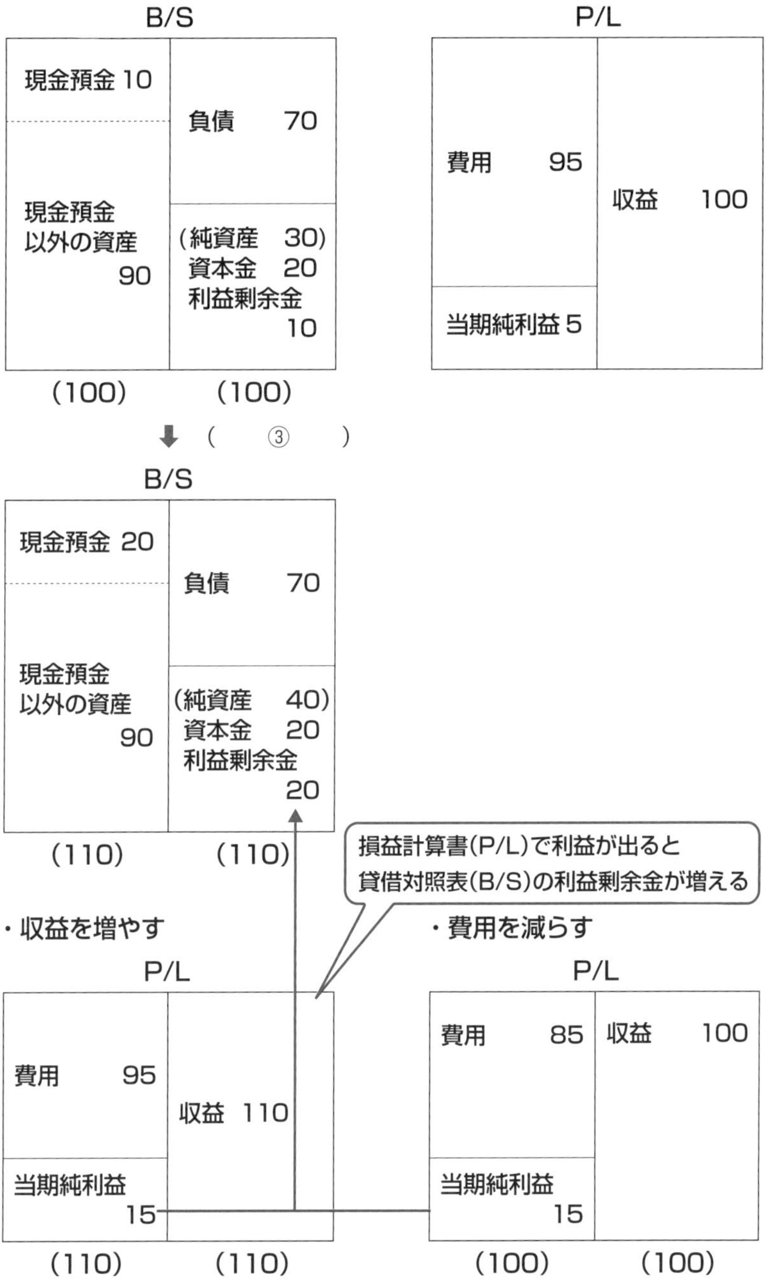

B/S

現金預金 10	負債　　70
現金預金 以外の資産 　　　　90	（純資産　30） 資本金　20 利益剰余金 　　　　10
（100）	（100）

P/L

費用　　95	収益　　100
当期純利益 5	

↓（　③　）

B/S

現金預金 20	負債　　70
現金預金 以外の資産 　　　　90	（純資産　40） 資本金　20 利益剰余金 　　　　20
（110）	（110）

> 損益計算書(P/L)で利益が出ると
> 貸借対照表(B/S)の利益剰余金が増える

・収益を増やす

P/L

費用　　95	収益　110
当期純利益 　　　　15	
（110）	（110）

・費用を減らす

P/L

費用　　85	収益　　100
当期純利益 　　　　15	
（100）	（100）

●図表4（ ④ ）

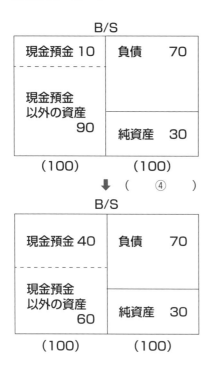

B/S

現金預金 10	負債　　 70
現金預金 以外の資産 　　　 90	純資産　 30
(100)	(100)

⬇ （   ④   ）

B/S

現金預金 40	負債　　 70
現金預金 以外の資産 　　　 60	純資産　 30
(100)	(100)

ア. 現金預金以外の資産を増やす　　イ. 現金預金以外の資産を減らす

ウ. 負債を増やす　　　　　　　　　エ. 負債を減らす

オ. 増資する（純資産を増やす）　　カ. 減資する（純資産を減らす）

キ. 利益を出す（純資産を増やす）　コ. 赤字を出す（純資産を減らす）

［解答欄］
①（　　）　②（　　）　③（　　）　④（　　）

正解

①（オ）　②（ウ）　③（キ）　④（イ）

問題4　次の説明で正しいものには〇を、間違っているものには×を記入してください。

1. (　) 損益計算書 (P/L) で「当期純利益」が出ると貸借対照表 (B/S)「純資産の部」の「資本金」が増加する。
2. (　) 純資産が10億円の会社は、理論的には10億円の赤字 (損失) まで耐えられる。
3. (　)「資産の部」より「負債の部」が大きい状態で「純資産の部」がマイナスになることを「負債超過」という。
4. (　) 粉飾決算では必ず1項目だけ数字が操作される。
5. (　) 粉飾決算では、損益計算書 (P/L) で利益が増加すると、必ず貸借対照表 (B/S) の数字も増減する。

正解

1. (×) 損益計算書 (P/L) で「当期純利益」が出ると貸借対照表 (B/S)「純資産の部」の「利益剰余金」が増加する。
2. (〇)
3. (×)「資産の部」より「負債の部」が大きい状態で「純資産の部」がマイナスになることを「債務超過」という。
4. (×) 1項目だけ数字を操作すると不自然になるので、いくつかの方法を組み合わせて粉飾決算が行われるケースが多い。
5. (〇)

MEMO

6章 損益分岐点売上高の計算とその応用

　この章では、利益が0円になる「損益分岐点売上高」の計算方法を解説します。また、家賃や給料などの固定費が増加した場合に、どのくらい売上を増やせばよいか確かめるための計算方法、目標利益を達成するための売上計算など、「損益分岐点売上高の応用計算」も紹介します。

　さらに、プロジェクトを実行したほうがよいか・しないほうがよいかといった「採算性」の計算も、モデルケースを使って解説していきます。

▶ 動画対応ページ ▶ Chapter10

損益分岐点売上高は、その売上高を達成したときに利益が0円になる売上高のことを示し、変動費と固定費で構成されています。ここでは、その内容を解説します。

■ 損益分岐点売上高の内容

損益分岐点売上高とは、その金額の売上高を達成したときに利益がちょうど0円になる売上高をいいます。

例えば、ある会社の損益分岐点売上高が年間5億円だとすると、5億円の売上があったとき利益はちょうど0円になるわけです。この年に売上が5億円を超えると利益を計上することができ、売上が5億円を下回ると赤字になってしまいます。

それでは、損益分岐点売上高はどのように計算するのでしょうか？　会社の経費は、次のように**変動費**と**固定費**で構成されています。

変動費は、売上高の増減に比例して増減する費用をいいます（図表1参照）。例えば、売上原価、フルコミッション（完全歩合制）の営業マンの給料、クレジットカードの手数料などが該当します。

製造業・建設業では、材料費・外注加工費が該当します。

一方、固定費は、売上高の増減に関係のない固定の費用をいいます。例えば、役員報酬、地代家賃、減価償却費、保険料、支払利息などが該当します。

実務では、1つの科目の中に変動費と固定費が混在している場合があります。例えば、支払運賃の中に売上に伴う発送費（変動費）と事業所間の支払運賃（固定費）が混在している場合には、支払運賃（変動費）・支払運賃（固定費）と科目を分けて処理するとよいでしょう。

また、水道光熱費や給与手当などの科目は変動要素もあります。忙しくて残業が多い月と定時で帰れる月では金額が変動しますが、実務ではあまり細かい計算をしても意味がないので、現在の水道光熱費・給与手当を固定費として計算します。

　図表2でグラフ化しているように、売上がたとえ0円でも固定費は発生します。変動費は売上が0円のときは発生しませんが、売上が上がるにつれて増加していきます。そして、売上の増加グラフと変動費の増加グラフが交わったところが損益分岐点売上高です。

損益分岐点売上高の内容

　図表3を見てください。損益分岐点売上高を超えた売上のグラフと変動費のグラフの差の部分（図表3の網かけ　　　の部分）が利益の額になります。すなわち、損益分岐点を少し超えたところでは利益はあまり多くなりませんが、損益分岐点を売上が大きく超えると利益の額は大幅に増大していきます。

　逆に、損益分岐点売上高を実際の売上が下回ると、損失（赤字）になります。損益分岐点売上高を下回った売上のグラフと変動費のグラフの差の部分が損失の額になります。すなわち、損益分岐点をほんの少し下回ったところでは損失はあまり多くありませんが、損益分岐点を売上が大きく下回ると損失の額は大幅に増大していきます。

　ちなみに、アメリカの会社では、損益分岐点売上高を達成した日にパーティーをしてお祝いをするそうです。

　会計期間を1月1日〜12月31日、損益分岐点売上高を年間12億円とすると、1月1日に営業をスタートし、累計売上高が12億円に達した日にお祝いをします。

　11月15日に損益分岐点売上高を達成すると、11月16日から12月31日までの売上は、変動費を除いてすべて利益になります。すなわち、早く損益分岐点に達した年は、当然利益も多く出るということです。逆に12月31日までに損益分岐点売上高に達しなかった年は赤字になります。

　これは、月々の売上にも利用できます。例えば1ヵ月の損益分岐点売上高が1億円とすると、4月20日までに1億円の売上があると、残り4月21日〜30日までの10日間の売上は変動費を除いてすべて利益になる計算です。逆に、5月は30日までかかって1億円を達成したとすると、31日の1日分しか利益が出ないということになります。

いずれにしても、損益分岐点売上高を意識することで、会社の経営は大きく変わってきます。例えば、あと何パーセント売上を増やせば利益が出るとわかれば、そのための方策を検討することもできます。あるいは、あと何パーセント売上が減っても利益が出るとわかっていれば、売上減少への対策を冷静に講じることもできるでしょう。

損益分岐点は、様々な場面で経営のかじ取りの判断材料となります。次節からは、具体的に損益分岐点の計算方法について見ていくことにしましょう。

主な変動費（図表1）

▶ 損益計算書に記載されるもの

- 売上原価
- 販売費及び一般管理費
  - ・販売手数料（クレジットカードの手数料、コンビニのロイヤリティなど、売上に比例するもの）
  - ・発送費・荷造運賃（売上に伴うもの）
  - ・地代家賃（デパートやスーパーの家賃など売上に比例するもの。ただし、一般の家賃は固定費）

▶ 製造原価報告書*に記載されるもの

- ・材料費
- ・外注加工費
- ・燃料費
- ・消耗工具器具備品費（売上に比例するもの）

＊**製造原価報告書** 1年間で商品をどれだけ作ったのか、その製造にどのような経費がかかったのかを計算した書類。製造業の会社が作成する決算書。

　会計ソフトの中には、日々の取引を入力するだけで「損益分岐点売上高」を計算してくれるものもあります。科目ごとに「変動費」「固定費」を設定する必要がありますが、1つの勘定科目に変動費と固定費が混在する場合には、科目を分けて入力します。例えば「販売手数料（変動費）」「販売手数料（固定費）」と分けて入力すれば、会計ソフトが自動的に計算してくれます。

　ただし、決算書での表示は「販売手数料」として合算します。

売上と固定費の関係（図表2）

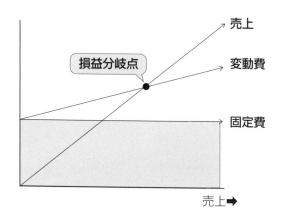

損益分岐点と利益の関係（図表3）

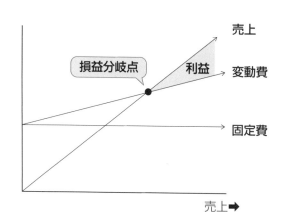

6-2 損益分岐点売上高の計算方法

損益分岐点売上高は、固定費・変動比率・限界利益率を用いて計算します。ここでは、それぞれの内容と計算方法について見ていきます。

損益分岐点と3つの数字

損益分岐点を知るためには「変動費」「固定費」「変動費率」の3つの数字が必要となります。変動費とは、6-1節で述べたとおり、売上原価などのように売上に比例して増減する費用のことです。

一方、固定費とは、人件費に代表されるように、売上高に関係なく発生する費用を指します。そして最後の変動費率は、変動費を売上高で割ったものです。

これらの3つの数字を使って損益分岐点売上高を求めます。具体的な計算式は次のとおりです（変動費率は％単位とします）。

損益分岐点売上高（円）＝固定費÷（100－変動費率 ＝ 限界利益率）×100

この数式が意味するのは、売上には変動費がかかるということです。その変動費を除いた金額（**限界利益**という）と固定費が同額になったところが、損益分岐点売上高になります。したがって上記の計算式で損益分岐点売上高が求められます。

それでは、モデル会社を使って実際に損益分岐点売上高を計算してみましょう。数字を記入する欄もあるので、ぜひ皆さんも一緒に計算してみてください。

図表4はモデル会社A社の損益計算書（P/L）です。このA社の経常利益が0円になる損益分岐点売上高を計算していきます。実際の損益計算書には特別利益と特別損失の項目がありますが、特別利益、特別損失はイレギュラーで毎期発生するものではないので、皆さんの会社についても経常利益がゼロになる損益分岐点売上高を把握することをおすすめします（演習では計算を簡単に行えるよう数字は単純化してあります）。

A社の損益計算書（P/L）（図表4）

（単位：千円）

売上高	120,000
売上原価（変動費）	71,000
売上総利益	49,000
販売費及び一般管理費	
発送費（変動費）	1,000
その他の販売管理費（固定費）	39,500
営業利益	8,500
営業外費用	
支払利息	500
経常利益	8,000

A社の損益分岐点売上高の計算・数字記入欄

（単位：千円）

損益分岐点売上高	（　　　　）	（100%）
変動費	（＿＿＿＿）	（　　%）※1
限界利益	（　　　　）	（　　%）※2
固定費		
その他の販売管理費	（　　　　）	
支払利息	（＿＿＿＿）	（＿＿＿＿）
経常利益	（　　　　）	

計算式

※1

$$変動費率 = \frac{変動費（売上原価・発送費）}{売上高} \times 100$$

$$\frac{（　　+　　）}{（　　　　）} \times 100 = （　　%）$$

※2　限界利益率　＝　100%　－　変動費率

100%　－　（　　%）　＝　（　　%）

❶変動費率の計算

　最初にモデル会社の経費を変動費と固定費に区分します。今回は売上原価と発送費が変動費になり、その他の販売管理費と支払利息が固定費になります。

　経費を変動費と固定費に区分したのち、変動費率と限界利益率を計算します（図表5参照）。

　ちなみに、変動費率は売上高に占める変動費の割合を見たものです。小売業・卸売業・飲食店などは売上原価率、製造業・建設業の場合は売上に占める原材料費・外注加工費の割合に近い数字になります。

　具体的には、「変動費÷売上高×100」で計算されます。A社の変動比率は次の計算式のとおり、60％となります。

		変動費		売上高				変動費率
		72,000千円	÷	120,000千円	×	100	=	60％

　この変動比率60％という数字は、売上の60％が変動費で占められていることを示しています。仮に1,000万円の売上の場合には、変動費は600万円になります。

　変動費率が低ければそれだけ利益が増える計算になります。後述しますが、変動費率を下げるためには、原材料の価格交渉や購入方法の見直しなどによる原材料費の削減、仕入価格の引下げ、新製品や新商品の投入による売価の引上げなどの方法が考えられます。

❷限界利益率の計算

　次に限界利益率を計算します。限界利益率は、（100％－変動費率）になるので、A社の場合は次の計算式のとおり、限界利益率40％と計算されます。

	変動費率		限界利益率
100％	－	60％	=	40％

　この限界利益率40％という数字は、売上の40％が限界利益になることを示しています。仮に1,000万円の売上の場合には限界利益は400万円になります。

　ところで、先ほどから説明に出ている限界利益とはなんでしょうか？　限界利益とは売上高から変動費を差し引いた利益をいいます。売上が上がれば売上原価などの変動費は必ず出ていきますので、この限界利益はまさに「これ以上利益の出しようがない」という限界の利益のことをいいます。

　例えば、お店が1本70円で仕入れたペットボトルを1本100円で販売した場合、1本あたりの限界利益は30円になります。

　また、限界利益のことを別名・貢献利益といいます。これは、固定費をカバーすることに貢献する利益だからです。会社ではこの限界利益・貢献利益で固定費を支払うので、これらの利益は大きいことが望ましいわけです。

❸固定費、限界利益の記入

　次に固定費を記入します。今回はその他の販売管理費と支払利息が固定費になります。計算式は次のとおりになります（図表6参照）。

その他の販売管理費　　　支払利息　　　　　　固定費

39,500千円　＋　500千円　＝　40,000千円

　固定費は売上の増減にかかわらず一定の経費なので、現在の固定費をそのまま書き写します。そして、この固定費を限界利益に書き写します。会社の利益は「限界利益－固定費」で計算されます。損益分岐点売上高は利益が0円になるところを求めます。

　利益が0円になるのは、限界利益と固定費が同額になったところになります。A社の固定費は4,000万円なので、限界利益も固定費と同額の4,000万円になったところが利益ゼロで、また損益分岐点になります。

　図表6では、「限界利益A 40,000千円－固定費B 40,000千円＝0円」となっています。

❹損益分岐点売上高、変動費の計算

　最後に、損益分岐点売上高と変動費を計算します（図表7参照）。限界利益の40,000千円（固定費と同額を入れるのが前提）を限界利益率の40％で割って損益分岐点売上高の100,000千円を算出します。

限界利益（＝固定費）	限界利益率	損益分岐点売上高
40,000千円 ÷	40% ＝	100,000千円

　今回は、限界利益を固定費と同額にして限界利益率で割りましたが、先の解説では次の計算式で説明しました。どちらの計算式でも損益分岐点売上高を計算できるので、理解しやすいほうを使ってください。

損益分岐点売上高（円）＝固定費÷（100－変動費率 ＝ 限界利益率）×100

　損益分岐点売上高の100,000千円が求められたら、変動費率60％を掛けて変動費の60,000千円を求めます。

　ここで重要なのは、売上の金額が変わると変動費も変わることです。前述のとおり、固定費は売上が上がっても下がっても変わりませんが、変動費は売上の増減により変化します。

　今回、損益分岐点売上高は100,000千円ですので、変動費はその60％の60,000千円になり、限界利益は40％の40,000千円になります。

　損益分岐点売上高と変動費が求められたら、最後に検算して経常利益が0円になるか確認します。

損益分岐点売上高	変動費	固定費	
100,000千円 －	60,000千円	－40,000千円 ＝	0円

　この計算式のとおり、A社の損益分岐点売上高は100,000千円となります。A社では、100,000千円の売上高を達成したときに、経常利益がちょうど0円になります。売上が100,000千円を超えると利益を計上することができ、逆に売上が100,000千円を下回ると赤字になってしまいます。

　A社の損益計算書（P/L）を見ますと、売上高が120,000千円あるので、経常利益が8,000千円出ています。

部門別に計算する

　なお、今回は単純に会社全体で損益分岐点売上高を計算しましたが、1つの会社が小売業・卸売業・飲食業などを手がけていてそれぞれ変動費率が異なる場合は、部門別に損益分岐点売上高を計算する必要があります。

　具体的には、卸売部門、小売部門、飲食部門の売上原価などの変動費が異なる場合に、まず「部門別損益計算書」を作成します。その部門別損益計算書により各部門の損益分岐点売上高を計算します。当然、各部門の損益分岐点売上高を把握し、それを上回る売上を達成するように経営を行います。

　また、新規の事業を立ち上げる際には、その新規事業の変動費、変動費率、固定費を予想したうえで、損益分岐点売上高を計算します。見込まれる売上が損益分岐点売上高以下であれば、その新規事業は見送りとするか、あるいは大幅な計画変更をしなければなりません。

　損益分岐点売上高を上回るようであれば、予想利益を計算し、その利益が十分な額であれば、その新規事業は実施されることになるでしょう。

A社の損益分岐点売上高の計算①（図表5）

（単位：千円）

損益分岐点売上高	（　　　　　）	（100%）
変動費	（　　　　　）	（ 60%）※1
限界利益	（　　　　　）	（ 40%）※2
固定費		
その他の販売管理費	（　　　　　）	
支払利息	（　　　　　）	（　　　　）
経常利益	（　　　　　）	

計算式

※1 変動費率 ＝ $\dfrac{\text{変動費（売上原価・発送費）}}{\text{売上高}} \times 100$

$\dfrac{(\ 71{,}000\ +\ 1{,}000\ )}{(\ 120{,}000\ )} \times 100 = (\ 60\ \%)$

※2 限界利益率 ＝ 100% － 変動費率
　　　　　　　100% － （ 60%） ＝ （ 40%）

・変動費の右側の（　　％）に変動費率を、限界利益の右側の（　　％）に限界
利益率を記入する。

A社の損益分岐点売上高の計算②（図表6）

（単位：千円）

損益分岐点売上高	（　　　　　　　）		100%
変動費	（　　　　　　　）（		60%　）
限界利益	Ⓐ（　　40,000）（		40%　）
固定費			
その他の販売管理費	（39,500）		
支払利息	（　　500）	Ⓑ（　　40,000）	
経常利益	Ⓐ　－　Ⓑ　＝	（　　　　　0）	

・固定費のその他の販売管理費、支払利息を記入し、固定費の合計額を記入す
る。
・「限界利益Ａ－固定費Ｂ＝0円」になるよう、固定費の40,000千円と同額を
限界利益に記入する。

A社の損益分岐点売上高の計算③（図表7）

（単位：千円）

損益分岐点売上高	（100,000）		100%
変動費	（　60,000）	（	60%　）
限界利益	Ⓐ（　40,000）	（	40%　）
固定費			
その他の販売管理費	（39,500）		
支払利息	（　　500）	Ⓑ（　40,000）	
経常利益	Ⓐ　－　Ⓑ　＝	（　　　　0）	

・限界利益の40,000千円（固定費と同額を入れるのが前提）を限界利益率の
40%で割って、損益分岐点売上高の100,000千円を算出。

$$40,000千円 \div 40\% = 100,000千円$$

・損益分岐点売上高の100,000千円に変動費率60%を掛けて、変動費の
　60,000千円を算出。
・「損益分岐点売上高 − 変動費 − 固定費 ＝ 0円」になることを確認。

$$100,000千円 - 60,000千円 - 40,000千円 = 0円$$

この計算式で検算はOKです！

実務でのポイントは変動費と固定費の区分
（「固変分解」という）であり、会計ソフトをう
まく活用します。基本をマスターしたら、い
ろいろな応用問題にチャレンジしましょう！

6-3 なぜ「損益分岐点」を知ることが大切なのか

損益分岐点を知ることは、会社の現状を正確に把握するために重要です。ここでは、損益分岐点を用いた経営状況の見極め方について解説します。

会社の現状を正確に把握できる

なぜ、自社の損益分岐点を知ることが大切なのでしょうか？　それは、損益分岐点によって会社の現状を正確に把握できるからです。

「売上がどのくらい伸びたら、利益もどのくらい出せるか？」「どのくらいの売上減少まで耐えられるか？」「原材料、仕入価格が上昇しているが、販売価格に転嫁しなくて大丈夫か？」「このプロジェクトは実行して大丈夫か？」など、会社の現状を理解していなければ、経営に必要な会計データの計算ができないからです。

①損益分岐点売上達成率と安全余裕額

損益分岐点売上達成率とは、損益分岐点売上高を100%としたときの実際の売上高の比率を見る指標です。また、**安全余裕額**は、実際の売上高が損益分岐点売上高をいくら上回っているかを見ています。

それでは、以下でモデル会社A社の損益分岐点売上達成率と安全余裕額を計算してみましょう。

A社の損益分岐点売上達成率と安全余裕額 (図表8)

● 損益分岐点売上達成率

計算式	A社の場合	好ましい方向
$\dfrac{\text{P/Lの売上高}}{\text{損益分岐点売上高}} \times 100$	$\dfrac{120,000\,\text{千円}}{100,000\,\text{千円}} \times 100 = 120\%$	↗

● 安全余裕額

計算式	A社の場合	好ましい方向
P/Lの売上高 －損益分岐点売上高	120,000千円 － 100,000千円 ＝ 20,000千円	↗

> 20,000千円の減収で
> も赤字になりません。

　上記の計算のようにA社では、損益分岐点売上高を実際の売上が20%、金額で20,000千円上回っています。もし、来期も固定費と変動費率が当期と同じならば、売上金額が20,000千円以上減少（減収）すると来期の決算は赤字に転落します。

　損益分岐点売上達成率や安全余裕額の数字が高い会社は、少しくらい売上が減少しても赤字になることはありませんので、それだけ余裕のある経営といえます。また、当然、損益分岐点を大きく上回っていることにもなるので、収益性の高い会社ともいえます。

　以下は数字の目安になります。ぜひ皆さんの会社についても計算のうえ、確認してみてください。

損益分岐点売上達成率の数字の目安（図表9）

優良企業	125%以上
安全企業	110%～ 125%未満
要努力企業～普通企業	105%～ 110%未満
要注意企業	100%～ 105%未満
赤字企業	100%未満

　会社は損益分岐点売上高を大きく上回ると利益が多くなります。逆に、損益分岐点売上高を少ししか上回っていない場合にはあまり利益はありません。この仕組みを、図表8を使って解説していきます。

　A社の損益分岐点は、100,000千円です。会社の経費は必ず変動費と固定費に分解されます。A社の売上が100,000千円のとき、変動費が60,000千円、

固定費が40,000千円になり、売上高100,000千円 － 変動費60,000千円 － 固定費 40,000千円で利益は0円になります。

　実際の売上が損益分岐点売上高を超えると、売上の直線と変動費の直線に差ができます。この差が利益です（図表11参照）。例えば、損益分岐点売上高を1%超えた場合は利益になりますが、その差が開いていないので利益は多くなりません。損益分岐点売上高を15%、20%、25%と大きく超えていくと、その差が開くので、利益は多くなります。

　逆に、実際の売上が損益分岐点売上高を下回ると、会社は赤字（損失）になります。A社の場合、売上が損益分岐点売上高の100,000千円を下回ると赤字です。図表12の売上の直線と変動費の直線の差が赤字額（損失額）になります。

　例えば、今期は損益分岐点売上高の99.9%まで行ったがあと0.1%足りない、という場合は赤字（損失）になりますが、赤字額（損失額）はそれほど大きくなりません。損益分岐点売上高を5%、10%、15%と大きく下回るにつれて、売上のグラフと変動費のグラフの差が開いていくので赤字額（損失額）は大きくなります。

A社の売上と固定費の変動（図表10）

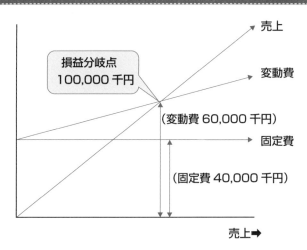

損益分岐点売上高と利益（図表11）

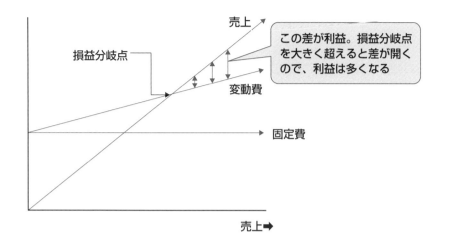

この差が利益。損益分岐点を大きく超えると差が開くので、利益は多くなる

損益分岐点売上高と損失（図表12）

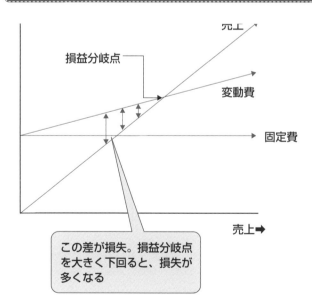

この差が損失。損益分岐点を大きく下回ると、損失が多くなる

②損益分岐点比率、安全余裕率

次に、**損益分岐点比率**と**安全余裕率**を計算してみましょう。損益計算書（P/L）の実際の売上を100%としたとき、損益分岐点売上高がどこにあるかを計算したものが損益分岐点比率になります。この損益分岐点比率は100%未満で低ければ低いほど好ましいです。以下に「数字の目安」を記載したので、皆さんの会社の現状をぜひ確認してみてください。

損益分岐点比率の数字の目安（図表13）

優良企業	80%以下
安全企業	80%超〜90%
普通企業　〜　要努力企業	90%超〜95%
要注意企業	95%超〜100%
赤字企業	100%超

そして、100%から上記の損益分岐点比率をマイナスした数字が安全余裕率になります。安全余裕率は、それだけの売上が減少（減収）すると利益がなくなってしまうという比率です。安全余裕比率は高いほうが好ましいです。A社の場合、現在の売上が16.67%ダウン（減収）すると利益は0円になり、売上が16.67%より大きくダウン（減収）すると赤字（損失）になります。

●損益分岐点比率

計算式	A社の場合	好ましい方向
$\dfrac{損益分岐点売上高}{P/Lの売上高} \times 100$	$\dfrac{100{,}000千円}{120{,}000千円} \times 100 = 83.33\%$	↗

●安全余裕率

計算式	A社の場合	好ましい方向
100% − 損益分岐点比率	100% − 83.33% = 16.67%	↗

16.67%の売上の減少（減収）までは赤字になりません。

損益分岐点比率・安全余裕率などを使ったアドバイス

　これらの数字で会社の現状を知っておけば、社長から「我が社の経営は大丈夫か?」という質問を受けた場合、これらの指標を活用して説明ができます。A社のケースでは、「当社の売上は損益分岐点売上高を20%超えていて利益も順調に出ています。安全余裕率は16.67%で安全余裕額が20,000千円ありますので、今後売上が16.67%以上、金額にして20,000千円以上減少しなければ利益は確保できます。1ヵ月にすると約166万円(20,000千円÷12ヵ月)の売上減少まで耐えられます」などとアドバイスできますね。

　次の節からは、損益分岐点を使って「固定費をカバーするための売上高の計算」「目標利益を達成するための計算方法」「売上減少時の経費削減の計算方法」など、損益分岐点の様々な活用方法を紹介します。

第6章　損益分岐点売上高の計算とその応用

「損益分岐点売上達成率」は損益分岐点売上高を100%とし、実際の売上がどこにあるかを見ています。逆に「損益分岐点比率」は実際の売上を100%とし、損益分岐点売上高がどこにあるかを見ています。

会社の経営改善
（損益分岐点売上高の活用①）

▶ 動画対応ページ ▶ Chapter11

損益分岐点売上高がわかれば、会社の経営改善にも役立ちます。ここでは、損益分岐点売上高を活用して、経営で起こりがちな疑問に答えていく方法を解説します。

損益分岐点の活用方法

会社の経営において、次のような疑問が出ることは多いでしょう。

・来期は1店舗出店するので、年間コストが2,000万円上がるが、それをカバーするにはいくら売ればよいだろうか？
・今度、営業担当者を採用して人件費が年間500万円上昇するが、それをカバーする売上は？
・来期の経常利益の目標は1,500万円だが、それを達成するには売上がいくら必要か？
・近くにライバル店が出店するので、売上が20%ほどダウンするかもしれないが、赤字にしないためには経費をいくら削減すればよいか？

本節では「損益分岐点の応用計算」として、上記のような質問に答えていきます。では、モデル会社A社の数字を使って具体的に計算していきましょう。

❶年間コスト（固定費）が2,000万円増加する場合は、売上をいくら増やせばいい？

新規出店や人員の増員などで固定費が増加した場合、それをカバーするために、売上をいくら増やす必要があるのでしょうか？

図表14では、A社の固定費が20,000千円増加した場合に損益分岐点売上高がどう変化するかを計算しています（変動費率など諸条件は変わらないものとします）。

　まず、A社の固定費（その他の販売管理費）を20,000千円増加させて59,500千円とします。固定費合計も20,000千円増加するので60,000千円になります。

　先ほどと同様に固定費合計の60,000千円を限界利益率の40％で割るので、この場合の損益分岐点売上高は150,000千円になります。

　図表7の損益分岐点売上高は100,000千円なので、A社では固定費が20,000千円増加すると損益分岐点売上高は50,000千円増加します。すなわち、A社では、20,000千円の固定費増加分をカバーするためには売上を50,000千円増やす必要があります。

限界利益率から必要売上を確認

　また、このように考えることもできます。損益分岐点売上高の増加分50,000千円を、固定費の増加分20,000千円で割ると2.5倍という数字になります。つまり、A社では固定費が増加すると、その2.5倍の売上が追加で必要となります。

　この数値は、100％÷限界利益率でも算出できます。A社の場合、100％÷限界利益率40％＝2.5倍と計算できます。

　この計算は、皆さんの会社の限界利益率が計算できれば簡単に行えます。例えば、限界利益率が30％の会社では、100％割る30％で3.33倍、限界利益率が20％の会社ならば、100％割る20％で5倍になります。

　この計算結果からA社では、例えば年収500万円の人を雇った場合、その2.5倍の1,250万円分だけ売上を増やして初めて損益ゼロになる、という計算になります。

　このような計算式が使えると、社長など経営幹部から「今度、広告宣伝で100万円使うけど、いくら売り上げれば採算かとれるかな？」と質問された場合には、「我が社は2.5倍の売上が必要ですから250万円の売上が必要です」などと答えることができます。

　また、「今回のイベントの売上予想は1,000万円だが、販売促進でいくら使える？」と質問された場合には、「1,000万円割る2.5で、400万円までは販売管理費として使えます」などと回答することができます。

A社の損益分岐点売上高の計算（図表14）

●固定費が20,000千円増加した場合

（単位：千円）

損益分岐点売上高	（ 150,000 ）	100%
変動費	（ 90,000 ）	（ 60% ）
限界利益	Ⓐ（ 60,000 ）	（ 40% ）
固定費		
その他の販売管理費 （ 59,500 ）		
支払利息	（ 500 ） Ⓑ（ 60,000 ）	
経常利益	Ⓐ － Ⓑ ＝ （ 0 ）	

・限界利益の60,000千円（固定費と同額を入れるのが前提。固定費は20,000千円上がって60,000千円になる）を限界利益率の40%で割って、損益分岐点売上高の150,000千円を算出

$$60,000千円 ÷ 40\% = 150,000千円$$

・損益分岐点売上高の150,000千円に変動費率60%を掛けて変動費の90,000千円を算出。「損益分岐点売上高 － 変動費 － 固定費 ＝ 0円」になることを確認

$$150,000千円 － 90,000千円 － 60,000千円 ＝ 0円$$

❷来期の経常利益を1,500万にするための目標売上高は？

　次に、経常利益を1,500万（15,000千）円にするための目標売上高を計算してみましょう。

　まず、図表15のように経常利益に目標の15,000千円を記入します。固定費は40,000千円ですので、この場合「限界利益」は55,000千円になります。

損益分岐点売上高を計算する場合と同様に、限界利益の55,000千円を限界利益率の40%で割ると、目標売上高の137,500千円が計算できます。

すなわち、経常利益を0円にして計算すると損益分岐点売上高が求められ、経常利益に目標利益を入れて計算すると「目標利益を達成するための必要売上高（目標売上高）」が求められます。

さらに、現状からいくら売上をアップすればよいかは、「目標売上高137,500千円 － 売上高120,000千円（図表4の損益計算書参照）＝ 17,500千円」になります。

よって、社長から「来期は経常利益を1,500万円にしたい。売上はいくら必要か？」と質問された場合には、「必要売上は1億3,750万円です。年間でいまの売上を1,750万円アップする必要があります」と答えられます。

また、「率にすると約14.6%（17,500千円 ÷ 120,000千円 ＝ 14.6%）のアップが必要で、月間ですと約146万円（17,500千円 ÷ 12ヵ月 ＝ 1,458千円）の増加が必要です」と簡単に答えることもできます。

A社の目標売上高の計算（図表15）

●目標利益15,000千円の場合

（単位：千円）

目標売上高	（137,500）	100%
変動費	（82,500）	（60%）
限界利益	Ⓐ（55,000）	（40%）
固定費		
その他の販売管理費	（39,500）	
支払利息	（500）Ⓑ（40,000）	
経常利益	Ⓐ － Ⓑ ＝（15,000）	

・限界利益の55,000千円（固定費40,000千円＋目標利益15,000千円）を限界利益率の40％で割って目標売上高の137,500千円を算出

$$55,000千円 \div 40\% = 137,500千円$$

・目標売上高の137,500千円に変動費率60％を掛けて変動費の82,500千円を算出。「目標売上高 － 変動費 － 固定費 ＝ 目標利益15,000千円」になることを確認

$$137,500千円 － 82,500千円 － 40,000千円 = 15,000千円$$

❸来期の予想売上が20％ほどダウンする場合、コスト（固定費）をいくら削ればいいか？

最後に、売上が減少した場合に固定費をどの程度削減しなければならないか、を計算してみましょう。これはあまりいい話ではありませんが、「近くにライバル店が出店するので、売上が20％ほどダウンし、来期の売上は95,000千円ほどになるかもしれない。赤字にしないためには経費をいくら削減すればいいか？」と質問されたときの計算です。

A社の安全余裕率は16.67％（178ページ参照）なので、売上が20％ほど下がると損益分岐点売上高を下回ってしまい、このままでは赤字（損失）になります。

計算過程は図表16で解説していますが、この場合は最初の予想売上から記入していきます。

A社では売上が95,000千円に減少すると、固定費を2,000千円減らす必要があります。どのような経費をどのくらい削減するかは、社長など経営幹部の判断によりますが、A社では売上が95,000千万円に減少した場合、固定費を年間2,000千円以上、月間では約170千万円（2,000千円 ÷ 12ヵ月 ＝ 167千円）削減しなければ赤字に陥ります。

A社が削減すべき固定費の計算（図表16）

●売上が95,000千円にダウンした場合

(単位：千円)

来期予想売上高	（　95,000　）	100%	
変動費	（　57,000　）	（　60%　）	
限界利益	Ⓐ（　38,000　）	（　40%　）	
固定費			
その他の販売管理費	（　37,500　）		
支払利息	（　　500　）Ⓑ	（　38,000　）	
経常利益	Ⓐ － Ⓑ ＝ （	0 ）	

・この場合には頭から計算するので、来期予想売上高の95,000千円に変動費率60%を掛けて変動費の57,000千円を算出。

・限界利益が38,000千円になるので、経常利益を0円（トントン）としても固定費は38,000千円に抑える必要がある。よってその他の販売管理費は37,500千円と計算される。

固定費合計　　支払利息
38,000千円 － 500千円 ＝ 37,500千円

・図表4よりA社のその他の販売管理費は39,500千円であることから、その他の販売管理費を最低2,000千円削減しないと赤字になる。

その他の販売管理費　上記その他の販売管理費
39,500千円 － 37,500千円 ＝ 2,000千円

第6章　損益分岐点売上高の計算とその応用

損益分岐点売上高は会社の経営計画や利益計画にも活用できます。ここでは、損益分岐点売上高を経営計画や利益計画に活用する方法を見ていきます。

経営の羅針盤が必要

　会社の経営を行うにあたっては、来期の経営計画、利益計画などを立案する必要があります。このためには、来期の売上を予想し、売上の増加・減少が利益にどの程度影響するかを正確に把握する必要があります。また、売上に対して経費をどれだけ使っていくか、予算計画と利益計画を作成する必要もあります。

　さらに、実際の経営では、「商品、製品の値引きはいくらまで容認できるか？」「材料コストの増加が利益にどの程度影響を与えるか？」「これだけ値引きして同程度の売上を得るためには、いまの売上の何割増しの売上が必要か？」また「このプロジェクトは行うべきか中止すべきか？」など、いわゆる「経営の羅針盤」となる数字の計算が要求されます。

　これらの数字の作成、試算は**管理会計**といわれる分野です。以下では、これらの計算を実際の数字を使って解説していきますが、「損益分岐点」の計算方法、数字の使い方などをマスターしていないと計算ができません。

　社長など経営幹部は、過去の数字の分析にももちろん興味はありますが、会社の未来の数字、未来の経営計画、利益計画、さらに損失を最小限に抑える方法などの将来の方針に、より大きな興味を持ちます。

　会計には、会社法や企業会計原則などの法令に基づいて行う制度会計や、過去の情報をもとに解決すべき課題を抽出する過去会計、課税所得や法人税額を計算するために行う税務会計などがあります。これらももちろん重要ですが、損益分岐点の計算を利用して「経営の羅針盤」の数字を提供していくことも、会社経営にはとても重要な事項です。

　以降では、こうした「経営の羅針盤」となる数字を計算する方法を見ていきます。最初に本節では、来期の経営計画、利益計画を立案する際に必要な「売上計画の立て方」「予算計画の立て方」について解説します。

❶売上計画の立て方

　来期の売上計画を立てるにあたり、売上の増加、減少が利益にどう影響するか見てみましょう。ここでは売上が増加するとどれだけ利益がUPするか、逆に売上が減少するとどのくらい利益が減少するかを検証してみます。

　図表17は、A社の現在の売上が5%増加した場合、10%増加した場合の経常利益の増加額、増加率を試算したものです（変動費率、限界利益率、固定費は変わらないものとして計算します）。

　これによると、現在の売上が5%増加すると経常利益は2,400千円アップします。増加率は30%です。さらに、売上が10%増加すると経常利益は4,800千円アップ、増加率はなんと60%です。

　この、売上の増加率に対する利益の増加率は、次の計算式より求めることができます。

売上増加率 × 限界利益 ÷ 経常利益

　図表17のケースを算式で表すと、売上が5%増加した場合は、5% × 48,000千円 ÷ 8,000千円で30%、売上が10%増加した場合は、10% × 48,000千円 ÷ 8,000千円で60%になります。

　仮にA社の売上が15%上昇した場合には、15%×48,000千円÷8,000千円で90%となり、利益が2倍近い金額になります。

　6-3節の図表11で解説しましたが、損益分岐点売上高を超えれば超えるほど利益は多くなります。実際の数字を使って計算すると、改めて実感できると思います。

第6章　損益分岐点売上高の計算とその応用

● A社の現在の状況

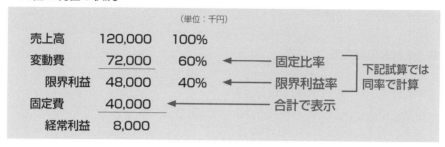

● 売上が5%UPした場合　● 売上が10%UPした場合

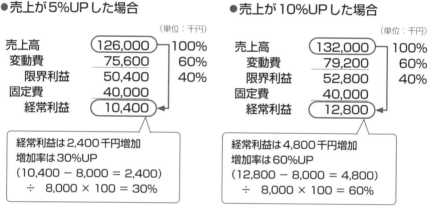

　図表18は、A社の現在の売上が逆に5%減少した場合、10%減少した場合の経常利益の減少額、減少率を試算したものです（変動費率、限界利益率、固定費は変わらないものとして計算します）。

　これによると、現在の売上が5%減少すると経常利益は2,400千円ダウンします。減少率は30%です。さらに、売上が10%減少すると経常利益は4,800千円ダウン、減少率は60%です。

　この、売上の減少率に対する利益の減少率は**不況抵抗力**と呼ばれ、次の計算式より求めることができます。

不況抵抗力 ＝ 売上減少率 × 限界利益 ÷ 経常利益

　図表18のケースでは売上が5％減少した場合は、5％×48,000千円÷8,000千円で30％、売上が10％減少した場合は、10％×48,000千円÷8,000千円で60％になります。

　仮にA社の売上が15％減少した場合には、15％ × 48,000千円 ÷ 8,000千円で90％ダウンとなり、利益がほぼなくなります。そして安全余裕率が16.67％なので、売上が16.67％減少すると利益はゼロになります（178ページ「安全余裕率」参照）。

A社の売上高が5％、10％減少した場合の利益試算（図表18）

● A社の現在の状況

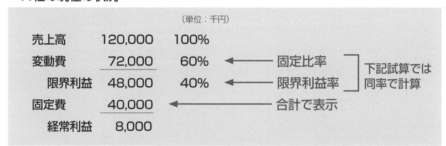

● 売上が5％DOWNした場合

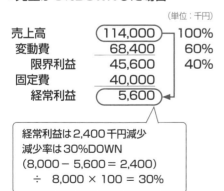

● 売上が10％DOWNした場合

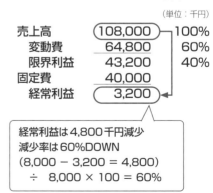

第6章 損益分岐点売上高の計算とその応用

189

❷予算計画の立て方

　来期の経営計画、予算計画、利益計画を立てる場合に必要となるのが、「固定費の削減」と「固定費のコントロール」です。

　売上が減少する、または売上が頭打ちの局面では、利益を確保するには固定費の削減が必要になります（後述する「変動費率の引下げ」は除きます）。

　また、売上が増加している局面では固定費のコントロールが必要になります。売上が増加すると、通常固定費も増加します。売上が増加し、固定費が減少できれば利益はより多くなりますが、実際問題としては難しいと思います。

　図表19をもとに具体的な数字を試算してみましょう。A社では、来期の売上を130,000千円と計画しました。その結果、限界利益は今期と比較して4,000千円増加（52,000千円－48,000千円）します。

　ケース1では、限界利益の増加が4,000千円に対して固定費の増加を2,000千円に抑えられたので、経常利益を現在に対して2,000千円増加させることができました。

　逆にケース2では、限界利益の増加が4,000千円に対して固定費が6,000千円増加しているので、経常利益は逆に2,000千円減少しています。

　すなわち、次のようになるので、売上が増加する場面では、固定費をどうコントロールするかが重要になります。

```
　　　限界利益の増加額　＞　固定費の増加額　　　利益は増加
　　　限界利益の増加額　＜　固定費の増加額　　　利益は減少
```

　実際の経営計画、利益計画を作る際は、売上と経費をどうバランスさせるかでいろいろな調整が必要になりますが、どちらかというと経費の予算のほうが組みやすいと思います。

　まずは、経費の予算を組み、来期の売上予想を立ててみて、利益が大幅に減少するようであれば、削れる経費を削減していくのが現実的な計画の立て方になります。

固定費をコントロールして利益を確保するには（図表19）

● A社の現在の状況

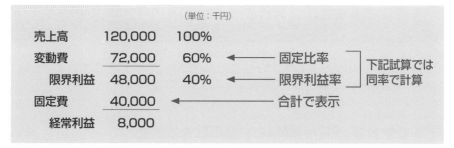

（単位：千円）

売上高	120,000	100%	
変動費	72,000	60%	← 固定比率
限界利益	48,000	40%	← 限界利益率
固定費	40,000		← 合計で表示
経常利益	8,000		

下記試算では同率で計算

● ケース1

売上130,000千円で
固定費が2,000千円増加した場合

（単位：千円）

売上高	130,000	100%
変動費	78,000	60%
限界利益	52,000	40%
固定費	42,000	
経常利益	10,000	

経常利益は2,000千円増加

● ケース2

売上130,000千円で
固定費が6,000千円増加した場合

（単位：千円）

売上高	130,000	100%
変動費	78,000	60%
限界利益	52,000	40%
固定費	46,000	
経常利益	6,000	

経常利益は2,000千円減少

「固定費をどうコントロールするか」を意識しましょう。「限界利益の増加額＞固定費の増加額」の関係にしないと、利益は増加しません。

第6章　損益分岐点売上高の計算とその応用

6-6 変動費率、限界利益率、利益
（損益分岐点売上高の活用③）

損益分岐点売上高は、値引きやコスト増加対策にも活用できます。ここでは、値引き等による利益の変動と損益分岐点の関係について見ていきます。

変動費率、限界利益率と利益の動きは連動

　本項目では、「商品、製品の値引きはいくらまで容認できるか？」「材料コストの増加が利益にどの程度影響を与えるか？」「これだけ値引きして同程度の売上を得るためには、いまの売上の何割増しの売上が必要か？」といった質問に答えるための方法について解説します。

　まず、損益分岐点の計算から見ると、変動費率と限界利益率の増加や減少によって、利益も増減します。損益分岐点売上高のグラフで説明すると、変動費率が下がった場合、変動費の直線の角度が下がります（図表20-Aの変動費直線の下の点線を参照）。それによって、売上の直線と早く交わるため、損益分岐点売上高が下がります。

　例えば、同じ売上の場合、損益分岐点売上高が低いほうが利益は多くなります。

　逆に変動費率が上がると、変動費の直線の角度が上がります（図表20-Bの変動費直線の上の点線）。よって、売上の直線との交わるのが遅くなるため、損益分岐点売上高が上がります。そして、同じ売上の場合、損益分岐点売上高が高いほうが利益は少なくなります。

　変動費率を引き下げるための具体的な方法は次のとおりです。

- 小売業、卸売業の場合には、なるべく安い取引先から仕入れるなど仕入価格、売上原価の引下げを図る
- 売価を上げて「売上原価率」を下げる
- 新製品、新商品を発売し、売価の改善を図る
- 売価はそのままで内容量を減らす（シュリンクフレーション）
- クレジットカードの手数料を見直す
- 製造業、建設業の場合には、原材料費、外注加工費のなるべく安い取引先に切り替える
- 飲食店では食材の無駄をなくし「フードコスト（食材費率）」を引き下げる　など

逆に「変動費率が上がる」代表的なケースは次のとおりです。

- 価格競争に巻き込まれて無理な値下げを行う
- 正規の値段で販売できず、バーゲン、クリアランス販売の比率が高まる
- 原材料費の高騰、仕入価格の上昇を販売価格に転嫁できない
- 飲食店で多額の食材ロスが発生する　など

20-A

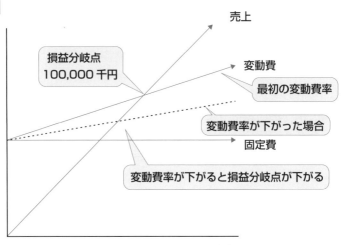

20-B

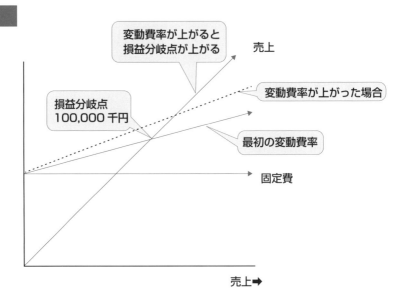

わずか5%の値下げが利益に与える意外な影響

　図表21は、値下げなどで売価が5%下落（販売数量は同じ）した場合の利益（ケース1）と、売価は同じで販売数量が5%減少した場合の利益（ケース2）の比較です。

　ケース2は先ほど図表18でも計算しましたが、売価は同じで販売数量が5%減少した場合（変動費率60%は変わらない）は、経常利益が2,400千円減少、減少率は30%です。ところが、値下げなどで売価が5%下落（販売数量は同じ、変動費率は63.16%に上昇）した場合は、経常利益が6,000千円減少、減少率はなんと75%にもなってしまいます。

　ケース3は売価が10%下落（販売数量は同じ）した場合です。この場合には経常損失（赤字）に陥ります。そして売価を10%下げて同じ利益を確保するには、現在の販売数量の1.33倍を売り上げる必要があります（ケース4参照）。
　売上金額、売上数量を気にする社長は多いですが、「少しくらい値引いても売ってこい」などと、値下げはあまり気にしない社長もいます。また、価格競争に巻き込まれて販売価格が下落しているケースなどは、変動費率が上昇し予想以上に利益が減少するので、「社長、10%値引きして販売したら元の数量の1.33倍売る必要がありますよ」など経理担当者からも適切なアドバイスができればと思います（もちろん、社長など経営幹部がここまで計算できたらすごいです！）。

●モデル会社Ａ社の現在の状況

（単位：千円）

売上高	120,000	100%
変動費	72,000	60% ← ── 固定比率
限界利益	48,000	40% ← ── 限界利益率
固定費	40,000	← ── 合計で表示
経常利益	8,000	

下記試算では同率で計算

●ケース1

売価が5%下落した場合

（単位：千円）

売上高	114,000	100%
変動費	72,000	63.16%
限界利益	42,000	36.84%
固定費	40,000	
経常利益	2,000	

・経常利益は6,000千円減少
・減少率は75%DOWN
　（8,000 − 2,000 = 6,000）
　÷ 8,000 × 100 = 75%

●ケース2

売上が5%減少した場合

（単位：千円）

売上高	114,000	100%
変動費	68,400	60%
限界利益	45,600	40%
固定費	40,000	
経常利益	5,600	

・経常利益は2,400千円減少
・減少率は30%DOWN
　（8,000 − 5,600 = 2,400）
　÷ 8,000 × 100 = 30%

●ケース3

売価が10%下落した場合

（単位：千円）

売上高	108,000	100%
変動費	72,000	66.67%
限界利益	36,000	33.33%
固定費	40,000	
経常利益	△ 4,000	

経常利益が12,000千円減少し
経常損失（赤字）になる

●ケース4

売価が10%下落した状態で同じ利益を上げるにはいくら売上が必要か？

（単位：千円）

売上高	144,014	100%
変動費	96,014	66.67%
限界利益	48,000	33.33%
固定費	40,000	
経常利益	8,000	

33.3%の売上アップが必要
当初の売上の1.33倍

原材料費、仕入価格の上昇を販売価格に転嫁できない場合も注意

図表22のケース1は、販売価格の下落にどのくらいまで耐えられるかを試算したものです。A社では、値引きなどにより販売価格が約6.67%下落（変動費率60%➡64.29%に上昇）すると、利益がなくなります。

また、原材料費、外注加工費、仕入価格などが上昇しているのに販売価格に転嫁できない場合も、変動費率が上昇するので注意が必要です。

A社では仕入価格など変動費が約11.11%上昇し（変動費率60%➡66.67%に上昇）、経済環境などの理由から販売価格にまったく転嫁できない、すなわち販売価格据え置きの状態だと、利益がなくなってしまいます。

ここまで変動費率が上がると利益ゼロに！（図表22）

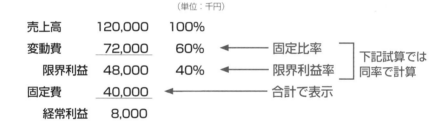

● A社の現在の状況

（単位：千円）

売上高	120,000	100%	
変動費	72,000	60%	← 固定比率
限界利益	48,000	40%	← 限界利益率
固定費	40,000		← 合計で表示
経常利益	8,000		

下記試算では同率で計算

● ケース1

値引きで売価が6.67%下落した場合

（単位：千円）

売上高	112,000	100%
変動費	72,000	64.29%
限界利益	40,000	35.71%
固定費	40,000	
経常利益	0	

利益ゼロに！

● ケース2

変動費が11.11%上昇したが売価にまったく転嫁できない場合

（単位：千円）

売上高	120,000	100%
変動費	80,000	66.67%
限界利益	40,000	33.33%
固定費	40,000	
経常利益	0	

利益ゼロに！

損益分岐点と値上げ・値下げの関係

　45ページ以降で、「値下げをすると利益が極端に下がる」および「値上げをすると予想以上に利益を得られる」ということを、実際の計算を使って確認しましたが、この仕組みを損益分岐点の観点から解説していきます。

　まず、値下げ（売価の引下げ）ですが、売価を下げると変動費率が上昇し、損益分岐点が上昇します。そして、同じ数量を販売しても売上が減少するので、変動費の直線との差が詰まり、利益が縮小したり赤字になったりします。

　すなわち、損益分岐点の３つの要素である売上高・変動費率・固定費のうち、２つの要素、売上高・変動費率が下振れするので、値下げ（売価の引下げ）をすると予想以上に利益が下がったり、赤字になったりします。

　次に、値上げ（売価の引上げ）ですが、売価を上げると変動費率が下落し、損益分岐点が下がります。そして、同じ数量を販売しても売上が増加し、変動費の直線との差が開き、利益が拡大します。

　すなわち、損益分岐点の３つの要素である売上高・変動費率・固定費のうち、２つの要素、売上高・変動費率が上振れするので、値上げ（売価の引上げ）をすると予想以上に利益が拡大していきます。

損益分岐点の観点から見ると、会社の利益を決定している要素は、①売上高（↗）、②変動費率（↘）、③固定費の３つになります。

値下げ（売価の引下げ）をすると、「売上高」「変動費率」が下振れする

①売価を引き下げると、変動費率が上がり、損益分岐点売上が高くなる

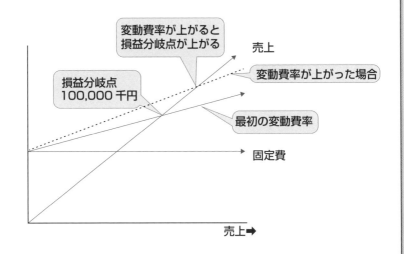

②売価を引き下げると、同数売れても売上高は減少する

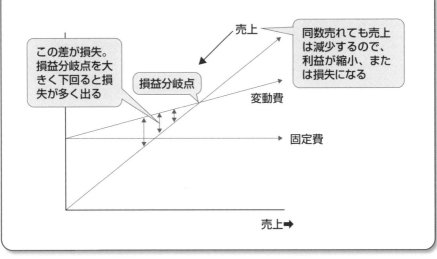

鉄則 値上げ（売価の引上げ）をすると、「売上高」「変動費率」が上振れする

①売価を引き上げると、変動費率が下がり、損益分岐点売上高が低くなる

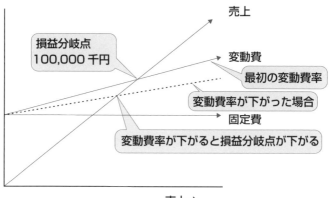

売上

損益分岐点
100,000 千円

変動費

最初の変動費率

変動費率が下がった場合

固定費

変動費率が下がると損益分岐点が下がる

売上➡

②売価を引き上げると、同数売れても売上高は増加する

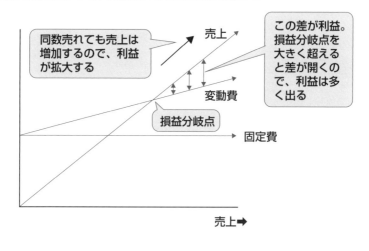

同数売れても売上は
増加するので、利益
が拡大する

売上

この差が利益。
損益分岐点を
大きく超える
と差が開くの
で、利益は多
く出る

変動費

損益分岐点

固定費

売上➡

> 損益分岐点売上高は、事業の採算性を見るためにも役立ちます。ここでは事例をもとに、損益分岐点売上高を用いて事業の採算性を判断する方法を解説します。

▓ 採算性を高めるには

　本節では、「このプロジェクトは行うべきか、中止すべきか？」という事業の採算性について説明します。図表23はセミナー会社の事例です。セミナー会社ではこのようにセミナーごとに収益を出しています。

　セミナーの変動費は、講師料、教材費、そして昼食が出る場合には受講生のお弁当代になります。

　固定費はセミナー会社の支払家賃、スタッフの給与、募集チラシなどの集客コスト、机・椅子・プロジェクターなどの減価償却費になりますが、この固定費をセミナーごとに賦課していきます（図表23参照）。

　セミナーAは利益が出ているので当然実施です。セミナーBは変動費をカバーできていないので中止です。理由は、セミナーBを中止すれば講師料、教材費などの変動費が不要になるからです。

　問題はセミナーCです。図表23-1を見ると、セミナーCは赤字になっていますが、セミナーCを中止すると全体では利益が減少します（図表23-3参照）。

　その理由を説明しましょう。セミナーCは売上が変動費を上回っており限界利益が30万円出ています。この限界利益は、その分だけ固定費をカバーすることができます。セミナーCを中止すると、このセミナーでカバーしていた固定費の30万円を他のセミナーで穴埋めする必要が出てきます。

　固定費はセミナーCを行っても中止してもかかります。それゆえに固定費なのです。限界利益のことを別名・**貢献利益**といいます。そのぶん固定費のカバーに貢献しているからですが、もしかしたら限界利益より貢献利益のほうがしっくりくるかもしれません。

以上のことから、セミナーのようなプロジェクトで考える場合、変動費もカバーできないようなプロジェクトは中止し、変動費を上回り限界利益（貢献利益）が出ているものはその分固定費をカバーできるので実施する、というのが利益を最も大きくする方法になります（図表23-2参照）。

セミナー会社の事例で採算を考えてみよう（図表23）

23-1　　　　　　　　　　　　　　　　　　　　　　　　　　　　（単位：万円）

	セミナーA	セミナーB	セミナーC	合計
売上	250	25	70	345
変動費	50	30	40	120
限界利益	200	△ 5	30	225
固定費	50	50	50	150
利益	150	△55	△20	75

23-2　　　　　　　　　　　　　　　　　　　　　　　　　　　　（単位：万円）

	セミナーA	セミナーB	セミナーC	合計
売上	250	（中止）	70	320
変動費	50	──	40	90
限界利益	200		30	230
固定費	50	50	50	150
利益	150	△50	△20	80

23-3　　　　　　　　　　　　　　　　　　　　　　　　　　　　（単位：万円）

	セミナーA	セミナーB	セミナーC	合計
売上	250	（中止）	（中止）	250
変動費	50	──	──	50
限界利益	200			200
固定費	50	50	50	150
利益	150	△50	△50	50

無理な値下げに注意

注意点として、変動費を上回る場合でも価格競争による値崩れ、注文をとるための無理な値下げは禁物です。理由は、いったん値崩れすると価格を元に戻せないからです。以前、マクドナルドが平日限定でハンバーガーを半額にしましたが、元の価格に戻せなくなり、赤字転落したという事例もありました。

また、図表21で解説しましたが、価格競争などによる値下げは「変動費率の引上げ」につながり、利益に与える影響が思ったよりも大きいので注意が必要です。結論になりますが、「変動費を上回り限界利益（貢献利益）がある値下げは行う価値がありますが、価格競争に巻き込まれて値段を戻せないような値下げはやめたほうがいい」ということになります。

以上、損益分岐点の計算からその応用計算まで、いろいろな事例を使って解説しました。これらの計算はたくさんの計算式を使いますので、文章を読んだだけではなかなか理解が難しいと思います。今回は計算も簡単な数字を使っていますので、ぜひ皆さんも電卓をたたきながら学習していただけたらと思います。

損益分岐点の計算からその応用計算までの知識が身に付くと、管理会計の知識の一部を習得できたといえるでしょう。

第6章 損益分岐点売上高の計算とその応用

「損益分岐点売上高」を理解していない人は「セミナーC」まで中止にてしまいます。そして、「赤字のセミナーを中止にしたのに、なぜ利益が下がったのか」を理解することができません。

問題1 次の会社の「変動比率」と「限界利益率」を計算するとともに、「損益分岐点売上高」を計算してください。

損益計算書（P/L）

	（単位：千円）
売上高	250,000
売上原価（変動費）	173,500
売上総利益	76,500
販売費及び一般管理費	
発送費（変動費）	1,500
その他の販売管理費（固定費）	62,500
営業利益	12,500
営業外費用	
支払利息	500
経常利益	12,000

［解答欄］

●損益分岐点売上高の計算

（単位：千円）

損益分岐点売上高	（　　　　　）	（100%）
変動費	（　　　　　）	（　　%）※1
限界利益	（　　　　　）	（　　%）※2
固定費		
その他の販売管理費	（　　　　）	
支払利息	（　　　　）	（　　　　）
経常利益	（　　　　）	

計算式

※1 変動費率 ＝ $\dfrac{\text{変動費（売上原価・発送費）}}{\text{売上高}}$ ×100

$\dfrac{(\quad+\quad)\times100}{(\qquad)}$ ＝ (　　　%)

※2 限界利益率 ＝ 100% － 変動費率

100% － (　　%) ＝ (　　%)

正解

●損益分岐点売上高の計算

(単位：千円)

損益分岐点売上高	(210,000)	100%
変動費	(147,000)	(70%)※1
限界利益	(63,000)	(30%)※2
固定費		
その他の販売管理費	(62,500)	
支払利息	(500)	(63,000)
経常利益		(0)

※1 変動費率 ＝ $\dfrac{\text{変動費（売上原価・発送費）}}{\text{売上高}}$ × 100

$\dfrac{(173,500 + 1,500)}{(250,000)}$ × 100 ＝ (70 %)

※2 限界利益率 ＝ 100% － 変動費率

100% － (70 %) ＝ (30 %)

●計算式

損益分岐点 売上達成率 (%)	$\dfrac{\text{P/Lの売上高}}{\text{損益分岐点売上高}} \times 100$	好ましい方向 ↗
安全余裕額 (千円)	P/Lの売上高 − 損益分岐点売上高	好ましい方向 ↗

［解答欄］
●損益分岐点売上達成率

$$\frac{(\qquad\text{千円})}{(\qquad\text{千円})} \times \quad 100 = (\qquad\%)$$

（小数点以下第2位四捨五入）

●安全余裕額

（　　千円）−（　　千円）=（　　千円）

正解

●損益分岐点売上達成率

$$\frac{250,000\text{千円}}{210,000\text{千円}} \times 100 = 119.0\%$$

●安全余裕額

250,000千円 − 210,000千円 = 40,000千円

問題3　問題1の「損益分岐点比率」と「安全余裕率」を計算してください。

●計算式

損益分岐点比率 (%)	$\dfrac{損益分岐点売上高}{P/Lの売上高} \times 100$	好ましい方向 ↘
安全余裕率 (%)	$100\% -$ 損益分岐点比率	好ましい方向 ↗

[解答欄]
●損益分岐点比率

$$\frac{(\qquad 千円)}{(\qquad 千円)} \times 100 = (\quad \%)$$

●安全余裕率

$$100\% - (\quad \%) = (\quad \%)$$

正解

●損益分岐点比率

$$\frac{210{,}000千円}{250{,}000千円} \times 100 = 84\%$$

●安全余裕率

$$100\% - 84\% = 16\%$$

MEMO

索引 Index

● 著者紹介

松田 修（まつだ　おさむ）

1986年、税理士試験合格。村田簿記学校講師（法人税法・簿記論担当）を経て、辻会計事務所（現 辻・本郷税理士法人）に入所。主に法人税・資産税・財務分析等を担当。
1993年、税理士 松田会計事務所を設立。現在は、簿記・税務・パソコン財務会計主任者の専門スクール「麻布ブレインズ・スクール」の代表を務めるほか、各種実務セミナー講師として活躍する。
麻布ブレインズ・スクール ウェブサイト
http://www.azabu-brains.co.jp/

【主な著書】

『はじめてわかった決算書プロのコツ』（リイド社）
『勝つ会社 プロのコツ』（リイド社）
『Q＆Aで基礎からわかる固定資産をめぐる会計・税務』（清文社）
『会社のお金がとぎれない！社長の「現ナマ」経営』（すばる舎リンケージ）
『Q＆A経理担当者のための税務知識のポイント』（清文社）
『挫折しない簿記入門』（清文社）

本文イラスト　まえだたつひこ

図解入門 ビジネス
最新 よくわかる 決算書の鉄則と読み方

発行日　2020年11月25日	第1版第1刷

著　者　松田 修

発行者　斉藤　和邦
発行所　株式会社　秀和システム
　　　　〒135-0016
　　　　東京都江東区東陽2-4-2　新宮ビル2F
　　　　Tel 03-6264-3105（販売）Fax 03-6264-3094
印刷所　三松堂印刷株式会社　　　Printed in Japan

ISBN978-4-7980-6322-5 C2034